Cucina Paleo

Gusta la Salute con Ricette Naturali e Squisite

Luca Cavalli

Sommario

Costolette di schiena affumicate con salsa alla senape di mele 11
COSTOLA 11
salsa 11
Maiale al barbecue in stile country con insalata di ananas fresca 14
Gulash di maiale piccante 16
gulasch 16
Cavolo 16
Polpette di salsiccia italiana saltate alla marinara con fettine di finocchio e cipolla 18
Rumore 18
Marinare 18
Barchette di zucchine ripiene di carne di maiale con basilico e pinoli 20
Ciotole di noodle di maiale al curry e ananas con latte di cocco ed erbe aromatiche 22
Bistecche di maiale alla griglia piccanti con insalata di cetrioli agrodolci 24
Pizza di zucchine con pesto di pomodori secchi, peperoni e salsiccia italiana 26
Cosciotto d'agnello affumicato al limone e coriandolo con asparagi grigliati 29
Piatto caldo di agnello 31
Spezzatino di agnello con tagliatelle di sedano rapa 33
Costolette di agnello francesi con chutney di datteri e melograno 35
chutney 35
Costolette di agnello 35
Costolette di agnello chimichurri con insalata di radicchio saltato 37
Costolette di agnello strofinate con ancho e salvia con remoulade di carote e patate dolci 39
Strofinare le costolette di agnello con scalogno, menta e origano 41
agnello 41
insalata 41
Hamburger di agnello farcito all'orto con coulis di peperoni rossi 43
Coulis di peperoni rossi 43
Hamburger 43
Spiedini di agnello con doppio origano e salsa tzatziki 46
Spiedini di agnello 46

Salsa greca Tzatziki 46
Pollo fritto con zafferano e limone 48
Pollo Spatchcocked con Jicama Slaw 50
Pollo 50
insalata di cavolo 50
Retro di pollo fritto con vodka, carote e salsa di pomodoro 53
Rôti di pollo e patatine fritte di rutabaga 55
Coq au vin ai tre funghi con purea di erba cipollina 57
Bacchette glassate con brandy alla pesca 60
Glassa al brandy alla pesca 60
Pollo marinato al Cile con insalata di mango e melone 62
Pollo 62
insalata 62
Cosce di pollo in stile tandoori con raita di cetriolo 65
Pollo 65
Cetriolo Raita 65
Spezzatino di pollo al curry con ortaggi a radice, asparagi e salsa di menta e mela
    verde 67
Insalata paillard di pollo alla griglia con lamponi, barbabietole e mandorle tostate
    69
Petto di pollo ripieno di cime di rapa con salsa di pomodoro fresco e insalata Caesar
    72
Wrap di shawarma di pollo alla griglia con verdure condite e salsa di pinoli 74
Petto di pollo brasato al forno con funghi, purea di cavolfiore all'aglio e asparagi
    arrostiti 76
Zuppa di pollo tailandese 78
Pollo arrosto al limone e salvia con indivia 80
Pollo con cipolline, crescione e ravanelli 83
pollo tikka masala 85
Cosce di pollo Ras el Hanout 88
Cosce di pollo Adobo alla Star Fruit su spinaci brasati 90
Tacos di cavolo Poblano con pollo e maionese al chipotle 92
Spezzatino di pollo con carotine e cavolo cinese 94
Purea di peperoni e pollo all'anacardio in involtini di lattuga 96
Pollo vietnamita alla citronella e cocco 98
Insalata di pollo alla griglia e scarola di mele 101

Zuppa di pollo alla toscana con nastri di cavolo riccio 103

Larba di pollo 105

Hamburger di pollo con salsa di anacardi del Szechuan 107

Salsa di anacardi di Szechuan 107

Involtini di pollo turchi 109

Polli della Cornovaglia spagnoli 111

Polli della Cornovaglia arrostiti al pistacchio con insalata di rucola, albicocche e finocchi 113

Petto d'anatra con insalata di melograno e jicama 117

Bistecche alla griglia con hash di verdure a radice grattugiate 119

Porridge asiatico di manzo e verdure 121

Filetti di cedro con insalata asiatica e insalata di cavolo 123

Bistecche Tri-Tip scottate con peperoni di cavolfiore 126

Bistecche di ferro piatto al poivre con salsa di funghi di Digione 128

Bistecche 128

salsa 128

Bistecche alla griglia con cipolle chipotle caramellate e salsa 131

Bistecche 131

Insalata di salsa 131

Cipolle caramellate 131

Ribeyes alla griglia con erba cipollina e burro all'aglio 134

Insalata di ribeye con barbabietole grigliate 136

Costolette alla coreana con cavolo allo zenzero saltato 138

Costolette di manzo con gremolata di finocchi e agrumi 141

COSTOLA 141

Zucca fritta 141

Gremolata 141

Bistecche alla svedese con insalata di senape, aneto e cetrioli 144

Insalata di cetrioli 144

Polpette di manzo 144

Hamburger di manzo imbastito su rucola con radici arrostite 148

Hamburger di manzo alla griglia con pomodorini in crosta di sesamo 151

Hamburger su spiedo con salsa Baba Ghanoush 154

Peperoni ripieni affumicati 156

Hamburger di bisonte con cipolle cabernet e rucola 159

Polpettone di bisonte e agnello su bietole e patate dolci 162
Salsa di mele e ribes, polpette di bisonte con pappardelle di zucchine 165
Rumore 165
Salsa di mele e ribes 165
Pappardelle alle zucchine 166
Bolognese di bisonte e funghi porcini con spaghetti di zucca all'aglio arrostiti 168
Bisonte chili con carne 170
Bistecche di bisonte speziate marocchine con limoni grigliati 172
Bistecca di bisonte strofinata con erbe di Provenza 174
Costolette di bisonte brasate al caffè con gremolata al mandarino e purea di sedano rapa 176
marinata 176
Brasare 176
Brodo di ossa di manzo 179
Spalla di maiale tunisina speziata con patate dolci piccanti 181
carne di maiale 181
patatine fritte 181
Spalla di maiale alla griglia cubana 184
Arrosto di maiale strofinato con spezie e verdure italiane 187
Talpa di maiale a cottura lenta 189
Spezzatino di maiale e zucca speziato al cumino 191
Controfiletto ripieno di frutta con salsa al brandy 193
arrosto di carne 193
Salsa al brandy 193
Arrosto di maiale alla porchetta 196
Filetto di maiale brasato con tomatillo 198
Filetto di maiale ripieno di albicocche 200
Filetto di maiale fritto alle erbe con olio croccante all'aglio 202
Maiale indiano speziato con salsa di cocco 203
Scaloppine di maiale con mele e castagne speziate 204
Wok Fajita Di Maiale 207
Filetto di maiale al porto e prugne 208
Maiale in stile Moo Shu in coppe di lattuga con verdure in salamoia veloci 210
Verdure in salamoia 210
carne di maiale 210

Costolette di maiale con macadamia, salvia, fichi e purè di patate 212
Braciole di maiale arrosto alla lavanda e rosmarino in casseruola con uva e noci tostate 214

COSTOLETTE DI SCHIENA AFFUMICATE CON SALSA ALLA SENAPE DI MELE

BAGNATO: Lasciare riposare per 1 ora: Affumicare per 15 minuti: Cuocere per 4 ore: 20 minuti Per: 4 porzioni<u>FOTO</u>

IL SAPORE RICCO E LA CONSISTENZA CARNOSALE COSTOLETTE AFFUMICATE RICHIEDONO QUALCOSA DI FRESCO E CROCCANTE DA ACCOMPAGNARE. ANDRÀ BENE QUASI QUALSIASI INSALATA DI CAVOLO, TRANNE QUELLA AL FINOCCHIO (VEDI<u>RICETTA</u>E RAFFIGURATO<u>QUI</u>), È PARTICOLARMENTE BUONO.

COSTOLA
- Da 8 a 10 pezzi di legno di melo o noce
- Costolette di filetto di maiale da 3 a 3½ libbre
- ¼ di tazza di spezie affumicate (vedi<u>Ricetta</u>)

SALSA
- 1 mela a cottura media, sbucciata, senza torsolo e affettata sottilmente
- ¼ tazza di cipolla tritata
- ¼ di tazza d'acqua
- ¼ di tazza di aceto di mele
- 2 cucchiai di senape di Digione (vedi<u>Ricetta</u>)
- 2 o 3 cucchiai di acqua

1. Prima di affumicare, immergere i pezzi di legno in acqua sufficiente a coprirli per almeno un'ora. Scolare prima dell'uso. Eliminare l'eventuale grasso visibile dalle costine. Se necessario, rimuovete la sottile membrana dal retro delle costole. Metti le costolette in una padella larga e poco profonda. Cospargere uniformemente con il condimento affumicato; strofinare con le dita. Lasciare riposare a temperatura ambiente per 15 minuti.

2. Disporre in un affumicatore i carboni preriscaldati, i pezzi di legno scolati e un bollitore secondo le istruzioni del produttore. Versare l'acqua nella padella. Posizionare le costolette, con l'osso rivolto verso il basso, sulla griglia sopra la padella. (Oppure posizionare le costolette in una griglia per costolette; posizionare la griglia per costolette sulla griglia.) Coprire e affumicare per 2 ore. Mantenere una temperatura di circa 225°F nell'affumicatore durante l'affumicatura. Aggiungi ulteriore carbone e acqua secondo necessità per mantenere la temperatura e l'umidità.

3. Nel frattempo, per preparare la salsa per il mop, unisci le fette di mela, le cipolle e ¼ di tazza di acqua in un pentolino. Cucinare; Ridurre il calore. Coprire e cuocere a fuoco lento per 10-12 minuti o fino a quando le fette di mela saranno molto morbide, mescolando di tanto in tanto. Lasciare raffreddare leggermente; Metti le mele e le cipolle non sgocciolate in un robot da cucina o in un frullatore. Coprire ed elaborare o frullare fino a che liscio. Aggiungi la purea nella padella. Mescolare l'aceto e la senape di Digione. Cuocere a fuoco medio per 5 minuti, mescolando di tanto in tanto. Aggiungi 2 o 3 cucchiai di acqua (o più se necessario) per dare alla salsa la consistenza di una vinaigrette. Dividete la salsa in terzi.

4. Dopo 2 ore, ricoprire generosamente le costolette con un terzo della salsa di mocio. Coprite e fate affumicare per un'altra ora. Spennellare nuovamente con un altro terzo della salsa di mocio. Avvolgi ciascuna fetta di costola in un foglio spesso e rimetti le costolette nell'affumicatore, impilandole una sopra l'altra se necessario. Coprire e affumicare per un'altra ora o 1 ora e mezza o fino a quando le costole saranno tenere.*

5. Scartare le costolette e spennellarle con il restante terzo della salsa di mocio. Per servire, tagliare le costole tra le ossa.

*Suggerimento: per testare la morbidezza delle costolette, rimuovere con attenzione la pellicola da una delle piastre delle costolette. Utilizzando le pinze, sollevare la piastra delle costole, tenendola per il quarto superiore della piastra. Girare la fetta di costata in modo che il lato della carne sia rivolto verso il basso. Se le costine sono tenere, il piatto dovrebbe iniziare a sfaldarsi quando lo prendi. Se le costolette non sono ancora tenere, avvolgetele nuovamente nella carta stagnola e continuate ad affumicarle finché non saranno tenere.

MAIALE AL BARBECUE IN STILE COUNTRY CON INSALATA DI ANANAS FRESCA

PREPARAZIONI:20 minuti Preparazione: 8 minuti Cottura: 1 ora e 15 minuti Per: 4 porzioni

IL MAIALE ALLA CONTADINA È CARNOSO,ECONOMICO E, SE TRATTATO CORRETTAMENTE - COME COTTO LENTAMENTE E LENTAMENTE IN UN PIZZICO DI SALSA BARBECUE - TENERISSIMO.

2 libbre di costolette di campagna disossate
¼ cucchiaino di pepe nero
1 cucchiaio di olio di cocco raffinato
½ tazza di succo d'arancia fresco
1½ dl di salsa BBQ (vedi Ricetta)
3 tazze di cavolo verde e/o rosso grattugiato
1 tazza di carote grattugiate
2 dl di ananas tritato finemente
⅓ tazza di vinaigrette leggera agli agrumi (vedi Ricetta)
Salsa BBQ (vedi Ricetta) (Facoltativo)

1. Preriscaldare il forno a 180°C. Cospargere la carne di maiale con pepe. Scaldare l'olio di cocco in una padella molto grande a fuoco medio-alto. Aggiungi le costolette di maiale; Cuocere da 8 a 10 minuti o fino a doratura e colore uniforme. Metti le costole in una teglia rettangolare da 3 litri.

2. Per preparare la salsa, aggiungi il succo d'arancia nella padella e mescola per eliminare eventuali pezzetti dorati. Incorporare 1 tazza e ½ di salsa barbecue. Versare la salsa sulle costolette. Girare le costolette e spennellarle con la salsa (se necessario, utilizzare un pennello da cucina per spennellare la salsa sulle costolette). Coprire bene la teglia con un foglio di alluminio.

3. Cuocere le costolette per 1 ora. Togliere la pellicola e spennellare le costine con la salsa dalla teglia. Cuocere per altri 15 minuti circa o fino a quando le costolette saranno morbide e dorate e la salsa si sarà leggermente addensata.

4. Nel frattempo, per preparare l'insalata di ananas, unisci il cavolo, le carote, l'ananas e la vinaigrette agli agrumi. Coprire e conservare in frigorifero fino al momento di servire.

5. Servire le costolette con insalata di cavolo e ulteriore salsa BBQ, se lo si desidera.

GULASH DI MAIALE PICCANTE

PREPARAZIONI:20 minuti tempo di cottura: 40 minuti resa: 6 porzioni

QUESTO STUFATO VIENE SERVITO IN STILE UNGHERESESU UN LETTO DI CAVOLO CROCCANTE E APPENA APPASSITO PER UN PASTO DI UNA PORTATA. SCHIACCIA IL CUMINO IN UN MORTAIO E UN PESTELLO, SE LO USI. IN CASO CONTRARIO, SCHIACCIALI SOTTO IL LATO LARGO DI UN COLTELLO DA CHEF PREMENDO DELICATAMENTE IL COLTELLO CON IL PUGNO.

GULASCH
- 1½ libbra di carne di maiale macinata
- 2 tazze di peperoni rossi, arancioni e/o gialli tritati
- ¾ tazza di cipolla rossa tritata finemente
- 1 piccolo peperoncino rosso fresco, privato dei semi e tritato finemente (vedi Mancia)
- 4 cucchiaini di spezie affumicate (vedi Ricetta)
- 1 cucchiaino di cumino, tritato
- ¼ di cucchiaino di maggiorana o origano macinati
- 1 lattina da 14 once senza sale aggiunto, pomodori a cubetti, non sgocciolati
- 2 cucchiai di aceto di vino rosso
- 1 cucchiaio di scorza di limone grattugiata finemente
- ⅓ tazza di prezzemolo fresco tritato

CAVOLO
- 2 cucchiai di olio d'oliva
- 1 cipolla media, affettata
- 1 piccola testa di cavolo verde o rosso, privata del torsolo e affettata sottilmente

1. Per preparare il gulasch, cuoci la carne macinata, i peperoni e le cipolle in un grande forno olandese a fuoco medio-alto per 8-10

minuti o fino a quando il maiale non sarà più rosa e le verdure saranno croccanti, mescolando con un cucchiaio di legno per spezzare la carne. Eliminare il grasso. Ridurre il calore al minimo. Aggiungere il peperoncino rosso, le spezie affumicate, il cumino e la maggiorana. Coprire e cuocere per 10 minuti. Aggiungere i pomodorini scolati e l'aceto. Cucinare; Ridurre il calore. Coprire e cuocere a fuoco lento per 20 minuti.

2. Nel frattempo, per il cavolo, in una padella molto grande, scaldare l'olio a fuoco medio. Aggiungere la cipolla e cuocere finché non si sarà ammorbidita, circa 2 minuti. Aggiungi cavolo; Mescolare per unire. Ridurre il calore al minimo. Cuocere per circa 8 minuti o fino a quando il cavolo sarà tenero, mescolando di tanto in tanto.

3. Per servire, mettere un po' del composto di cavolo su un piatto. Completare con il gulasch e cospargere con scorza di limone e prezzemolo.

POLPETTE DI SALSICCIA ITALIANA SALTATE ALLA MARINARA CON FETTINE DI FINOCCHIO E CIPOLLA

PREPARAZIONI:30 minuti Cottura: 30 minuti Cottura: 40 minuti Resa: da 4 a 6 porzioni

QUESTA RICETTA È UN RARO ESEMPIOUN PRODOTTO IN SCATOLA CHE FUNZIONA ALTRETTANTO BENE – SE NON MEGLIO – DELLA VERSIONE FRESCA. A MENO CHE NON ABBIATE POMODORI MOLTO, MOLTO MATURI, LA CONSISTENZA DI UNA SALSA FATTA CON POMODORI FRESCHI NON SARÀ BUONA COME QUELLA DEI POMODORI IN SCATOLA. ASSICURATI SOLO DI UTILIZZARE UN PRODOTTO SENZA SALE AGGIUNTO E, MEGLIO ANCORA, UN PRODOTTO BIOLOGICO.

RUMORE
- 2 uova grandi
- ½ tazza di farina di mandorle
- 8 spicchi d'aglio, tritati
- 6 cucchiai di vino bianco secco
- 1 cucchiaio di paprika
- 2 cucchiaini di pepe nero
- 1 cucchiaino di semi di finocchio, leggermente tritati
- 1 cucchiaino di origano secco, tritato
- 1 cucchiaino di timo secco, tritato
- Da ¼ a ½ cucchiaino di pepe di cayenna
- 1½ libbra di carne di maiale macinata

MARINARE
- 2 cucchiai di olio d'oliva
- 2 lattine da 15 once di pomodori tritati non salati o 1 lattina da 28 once di pomodori tritati non salati
- ½ tazza di basilico fresco tritato

3 bulbi di finocchio medi, dimezzati, privati dei semi e affettati sottilmente

1 cipolla dolce grande, tagliata a metà e affettata sottilmente

1. Preriscaldare il forno a 180°C. Foderare una grande teglia cerchiata con carta pergamena; mettere da parte. Sbattere le uova, la farina di mandorle, 6 spicchi d'aglio tritati, 3 cucchiai di vino, paprika, 1 cucchiaino e mezzo di pepe nero, semi di finocchio, origano, timo e pepe di cayenna in una ciotola capiente. Aggiungere il maiale; mescolare bene. Forma il composto di maiale in polpette da 1 1/2 pollice (dovresti fare circa 24 polpette); Distribuire in un unico strato sulla teglia preparata. Cuocere per circa 30 minuti o fino a quando leggermente colorato, girando una volta durante la cottura.

2. Nel frattempo, per preparare la salsa marinara, scaldare 1 cucchiaio di olio d'oliva in un forno olandese da 4 a 6 litri. Aggiungere i restanti 2 spicchi d'aglio tritati; cuocere per circa 1 minuto o finché non inizia a colorarsi. Aggiungere rapidamente i restanti 3 cucchiai di vino, i pomodori tritati e il basilico. Cucinare; Ridurre il calore. Cuocere a fuoco lento scoperto per 5 minuti. Mescolare delicatamente le polpette cotte nella salsa marinara. Coprire e cuocere a fuoco lento per 25-30 minuti.

3. Nel frattempo, scalda 1 cucchiaio di olio d'oliva rimanente in una padella capiente a fuoco medio-alto. Incorporate il finocchio e la cipolla affettati. Cuocere, mescolando spesso, da 8 a 10 minuti o fino a quando saranno teneri e leggermente dorati. Condire con il rimanente ½ cucchiaino di pepe nero. Servire le polpette e la salsa marinara sopra la salsa di finocchi e cipolle.

BARCHETTE DI ZUCCHINE RIPIENE DI CARNE DI MAIALE CON BASILICO E PINOLI

PREPARAZIONI:20 minuti Cottura: 22 minuti Cottura: 20 minuti Resa: 4 porzioni

I BAMBINI ADORERANNO QUESTO PIATTO DIVERTENTEA BASE DI ZUCCHINE SVUOTATE, RIPIENE DI CARNE DI MAIALE MACINATA, POMODORI E PEPERONI. SE LO SI DESIDERA, AGGIUNGERE 3 CUCCHIAI DI PESTO DI BASILICO (VEDI RICETTA) AL POSTO DEL BASILICO FRESCO, DEL PREZZEMOLO E DEI PINOLI.

- 2 zucchine medie
- 1 cucchiaio di olio extra vergine di oliva
- 12 once di carne di maiale macinata
- ¾ tazza di cipolla tritata
- 2 spicchi d'aglio, tritati
- 1 dl di pomodorini a pezzetti
- ⅔ tazza di peperone giallo o arancione tritato finemente
- 1 cucchiaino di semi di finocchio, leggermente tritati
- ½ cucchiaino di fiocchi di peperoncino tritato
- ¼ tazza di basilico fresco tritato
- 3 cucchiai di prezzemolo fresco tritato
- 2 cucchiai di pinoli tostati (vedi Mancia) e tritato grossolanamente
- 1 cucchiaino di scorza di limone grattugiata finemente

1. Preriscaldare il forno a 180°C. Tagliate a metà le zucchine nel senso della lunghezza e raschiate con cura il centro, lasciando un guscio spesso circa mezzo centimetro. Tritate grossolanamente il composto di zucchine e mettetelo da parte. Disporre le metà delle zucchine, con la parte tagliata rivolta verso l'alto, su una teglia rivestita di alluminio.

2. Per preparare il ripieno, scaldare l'olio d'oliva in una padella capiente a fuoco medio-alto. Aggiungi carne macinata; Cuocere fino a quando non sarà più rosa, mescolando con un cucchiaio di legno per allentare la carne. Eliminare il grasso. Ridurre il calore a medio. Aggiungere la polpa di zucchine, la cipolla e l'aglio riservate; cuocere e mescolare fino a quando la cipolla sarà morbida, circa 8 minuti. Mescolare i pomodori, i peperoni, i semi di finocchio e il peperoncino tritato. Cuocere per circa 10 minuti o fino a quando i pomodori saranno morbidi e inizieranno a disfarsi. Togliere la padella dal fuoco. Unire il basilico, il prezzemolo, i pinoli e la scorza di limone. Dividete il ripieno tra i gusci delle zucchine e tagliateli a pezzetti. Cuocere per 20-25 minuti o fino a quando le bucce delle zucchine saranno croccanti.

CIOTOLE DI NOODLE DI MAIALE AL CURRY E ANANAS CON LATTE DI COCCO ED ERBE AROMATICHE

PREPARAZIONI:30 minuti Preparazione: 15 minuti Cottura: 40 minuti Per: 4 porzioniFOTO

1 zucca spaghetti grande
2 cucchiai di olio di cocco raffinato
1 libbra di maiale macinato
2 cucchiai di cipolle verdi tritate finemente
2 cucchiai di succo di lime fresco
1 cucchiaio di zenzero fresco tritato finemente
6 spicchi d'aglio, tritati
1 cucchiaio di citronella macinata
1 cucchiaio di curry rosso in polvere in stile tailandese senza sale
1 tazza di peperoncino rosso tritato
1 dl di cipolla tritata
½ tazza di carota tagliata a julienne
1 cavolo cinese, affettato (3 tazze)
1 dl di funghi freschi a fette
1 o 2 peperoncini tailandesi, affettati sottili (vediMancia)
1 lattina da 13,5 once di latte di cocco naturale (come Nature's Way)
½ tazza di brodo di ossa di pollo (vediRicetta) o brodo di pollo senza sale aggiunto
¼ di tazza di succo di ananas fresco
3 cucchiai di burro di anacardi non salato senza olio
1 tazza di ananas fresco a cubetti
Spicchi di lime
Coriandolo fresco, menta e/o basilico tailandese
Anacardi tostati tritati

1. Preriscaldare il forno a 400 ° F. Metti gli spaghetti nel microonde a fuoco alto per 3 minuti. Tagliate con attenzione la zucca a metà nel senso della lunghezza e raschiate i semi. Strofina 1 cucchiaio di olio di cocco sulle superfici tagliate della zucca. Disporre le metà della zucca, con la parte tagliata rivolta verso il basso, su una teglia. Cuocere per 40-50 minuti o fino a quando la zucca può essere facilmente forata con un coltello. Usate i rebbi di una forchetta per togliere la carne dalla pelle e tenetela in caldo fino al momento di servire.

2. Nel frattempo, unisci carne di maiale, scalogno, succo di lime, zenzero, aglio, citronella e curry in una ciotola media. mescolare bene. Scaldare il restante 1 cucchiaio di olio di cocco in una padella molto grande a fuoco medio-alto. Aggiungi il composto di maiale; Cuocere fino a quando non sarà più rosa, mescolando con un cucchiaio di legno per allentare la carne. Aggiungi peperone, cipolla e carota; cuocere e mescolare fino a quando le verdure saranno croccanti e tenere, circa 3 minuti. Incorporare il cavolo cinese, i funghi, il peperoncino, il latte di cocco, il brodo di ossa di pollo, il succo di ananas e il burro di anacardi. Cucinare; Ridurre il calore. Aggiungi l'ananas; Cuocere a fuoco lento fino a quando non sarà completamente riscaldato.

3. Per servire, dividere gli spaghetti di zucca in quattro ciotole. Versare il maiale al curry sulla zucca. Servire con spicchi di lime, erbe aromatiche e anacardi.

BISTECCHE DI MAIALE ALLA GRIGLIA PICCANTI CON INSALATA DI CETRIOLI AGRODOLCI

PREPARAZIONI:30 minuti Tempo di grigliatura: 10 minuti Tempo di riposo: 10 minuti Resa: 4 porzioni

L'INSALATA DI CETRIOLI CROCCANTEAROMATIZZATO ALLA MENTA FRESCA È UN'AGGIUNTA RINFRESCANTE E RINFRESCANTE AGLI HAMBURGER DI MAIALE PICCANTI.

⅓ tazza di olio d'oliva
¼ tazza di menta fresca tritata
3 cucchiai di aceto di vino bianco
8 spicchi d'aglio, tritati
¼ cucchiaino di pepe nero
2 cetrioli medi, affettati molto sottilmente
1 cipolla piccola, affettata sottilmente (circa ½ tazza)
Carne di maiale macinata da 1¼ a 1½ libbre
¼ tazza di coriandolo fresco tritato
Da 1 a 2 peperoncini jalapeño o serrano medio freschi, senza semi (se lo si desidera) e tritati finemente (vedereMancia)
2 peperoni rossi medi, senza semi e tagliati in quarti
2 cucchiaini di olio d'oliva

1. Mescola insieme ⅓ tazza di olio d'oliva, menta, aceto, 2 spicchi d'aglio tritati e pepe nero in una grande ciotola. Aggiungere i cetrioli e le cipolle affettati. Mescolare fino a quando tutto sarà ben ricoperto. Coprire e conservare in frigorifero fino al momento di servire, mescolando una o due volte.

2. Unisci la carne di maiale, il coriandolo, il peperoncino e i restanti 6 spicchi d'aglio tritati in una ciotola capiente. Formare quattro

polpette spesse ¾ pollici. Spennellare leggermente i quarti di pepe con 2 cucchiaini di olio d'oliva.

3. Se si utilizza una griglia a carbone o a gas, posizionare le bistecche e i quarti di pepe direttamente a fuoco medio. Coprire e grigliare finché un termometro a lettura istantanea inserito sui lati delle polpette di maiale non registra 160 ° F e i quarti di pepe sono teneri e leggermente carbonizzati. A metà cottura girare le polpette e i quarti di peperone una volta. Attendere 10-12 minuti per le bistecche e 8-10 minuti per i quarti di pepe.

4. Quando i quarti di peperone saranno pronti, avvolgeteli in un pezzo di carta stagnola per racchiuderli completamente. Lasciare riposare per circa 10 minuti o fino a quando non sarà abbastanza freddo da poter essere maneggiato. Rimuovere con attenzione la pelle del peperone con un coltello affilato. Tagliare i quarti di peperone nel senso della lunghezza a fettine sottili.

5. Per servire, mescola insieme l'insalata di cetrioli e dividila equamente in quattro grandi piatti da portata. Disporre una bistecca di maiale su ogni piatto. Disporre uniformemente le fette di pepe sulle bistecche.

PIZZA DI ZUCCHINE CON PESTO DI POMODORI SECCHI, PEPERONI E SALSICCIA ITALIANA

PREPARAZIONI:30 minuti Preparazione: 15 minuti Cottura: 30 minuti
Per: 4 porzioni

QUESTA È UNA PIZZA CON COLTELLO E FORCHETTA.ASSICURATI DI PREMERE LEGGERMENTE LA SALSICCIA E I PEPERONI SULLA CROSTA RICOPERTA DI PESTO IN MODO CHE LA COPERTURA ADERISCA ABBASTANZA BENE DA CONSENTIRE ALLA PIZZA DI TAGLIARSI FACILMENTE.

2 cucchiai di olio d'oliva
1 cucchiaio di mandorle tritate finemente
1 uovo grande, leggermente sbattuto
½ tazza di farina di mandorle
1 cucchiaio di origano fresco tritato
¼ cucchiaino di pepe nero
3 spicchi d'aglio, tritati
3 tazze e ½ di zucchine grattugiate (2 medie)
Salsiccia italiana (vedi Ricetta, sotto)
1 cucchiaio di olio extra vergine di oliva
1 peperone (giallo, rosso o mezzo ciascuno), privato dei semi e tagliato a strisce molto sottili
1 cipolla piccola, affettata sottilmente
Pesto di pomodori secchi (vedi Ricetta, sotto)

1. Preriscaldare il forno a 200°C (425°F). Rivestire una teglia per pizza da 12 pollici con 2 cucchiai di olio d'oliva. Cospargere con mandorle tritate; mettere da parte.

2. Per preparare la crosta, unisci le uova, la farina di mandorle, l'origano, il pepe nero e l'aglio in una ciotola capiente. Metti le

zucchine tagliuzzate in un asciugamano pulito o in un pezzo di garza. Avvolgere strettamente

COSCIOTTO D'AGNELLO AFFUMICATO AL LIMONE E CORIANDOLO CON ASPARAGI GRIGLIATI

BAGNATO: 30 minuti Preparazione: 20 minuti Grigliatura: 45 minuti Riposo: 10 minuti Per: da 6 a 8 porzioni

QUESTO PIATTO È SEMPLICE MA ELEGANTEDUE INGREDIENTI CHE ENTRANO IN GIOCO IN PRIMAVERA: L'AGNELLO E GLI ASPARAGI. LA TOSTATURA DEI SEMI DI CORIANDOLO ESALTA IL SAPORE CALDO, TERROSO E LEGGERMENTE ASPRO.

- 1 tazza di trucioli di legno di noce americano
- 2 cucchiai di semi di coriandolo
- 2 cucchiai di scorza di limone grattugiata finemente
- 1 cucchiaino e mezzo di pepe nero
- 2 cucchiai di timo fresco tritato
- 1 cosciotto d'agnello disossato da 2 a 3 libbre
- 2 mazzi di asparagi freschi
- 1 cucchiaio di olio d'oliva
- ¼ cucchiaino di pepe nero
- 1 limone, squartato

1. Immergere le scaglie di noce americano in una ciotola con abbastanza acqua per almeno 30 minuti prima di affumicarle; mettere da parte. Nel frattempo, tostare i semi di coriandolo in una padella a fuoco medio-alto finché non diventano fragranti e scoppiettanti, mescolando spesso, per circa 2 minuti. Rimuovere i semi dalla padella; lasciare raffreddare. Una volta che i semi si saranno raffreddati, pestateli grossolanamente in mortaio e pestello (oppure disponete i semi su un tagliere e schiacciateli con il dorso di un cucchiaio di legno). In una piccola ciotola, unisci i semi di coriandolo tritati, la scorza di

limone, 1 cucchiaino e mezzo di pepe e il timo; mettere da parte.

2. Se necessario, togliere la rete dall'agnello arrosto. Capovolgere l'arrosto su una superficie di lavoro, con il lato grasso rivolto verso il basso. Cospargere metà della miscela di spezie sulla carne; strofinare con le dita. Arrotolare la bistecca e legarla con 4-6 pezzi di spago da cucina in cotone 100%. Cospargere la miscela di spezie rimanente sulla parte esterna dell'arrosto, premendo leggermente per farla aderire.

3. Su una griglia a carbone, disporre i carboni medio-caldi attorno a una leccarda. Prova ad assicurarti che la padella sia a fuoco medio. Distribuire le patatine sgocciolate sulla carbonella. Disporre l'arrosto di agnello sulla griglia sopra la leccarda. Coprire e affumicare a fuoco medio (145 ° F) per 40-50 minuti. (Per una griglia a gas, preriscaldare la griglia. Ridurre il calore a medio. Impostare sulla cottura indiretta. Affumicare come sopra, ma aggiungere trucioli di legno sgocciolati secondo le istruzioni del produttore.) Coprire leggermente l'arrosto con la pellicola. Lasciare in posa 10 minuti prima di tagliare.

4. Nel frattempo eliminate le punte legnose degli asparagi. In una ciotola capiente, condire gli asparagi con olio d'oliva e ¼ di cucchiaino di pepe. Posiziona gli asparagi attorno ai bordi esterni della griglia, direttamente sopra i carboni e perpendicolarmente alla griglia. Coprire e grigliare finché sono teneri, da 5 a 6 minuti. Spremete gli spicchi di limone sugli asparagi.

5. Togliere lo spago dall'agnello arrosto e tagliare la carne a fettine sottili. Servire la carne con asparagi grigliati.

PIATTO CALDO DI AGNELLO

PREPARAZIONI:30 minuti Preparazione: 2 ore e 40 minuti Quantità: 4 porzioni

RISCALDATI CON QUESTO ABBONDANTE STUFATOUNA NOTTE D'AUTUNNO O D'INVERNO. LO SPEZZATINO VIENE SERVITO SU UNA VELLUTATA PUREA DI SEDANO E PASTINACA, CONDITA CON SENAPE DI DIGIONE, CREMA DI ANACARDI ED ERBA CIPOLLINA. NOTA: IL SEDANO RAPA È TALVOLTA CHIAMATO SEDANO RAPA.

- 10 grani di pepe nero
- 6 foglie di salvia
- 3 pimenti interi
- 2 strisce da 2 pollici di buccia d'arancia
- 2 libbre di spalla di agnello disossata
- 3 cucchiai di olio d'oliva
- 2 cipolle medie, tritate grossolanamente
- 1 lattina da 14,5 once di pomodori a cubetti senza sale aggiunto, non sgocciolati
- 1 tazza e ½ di brodo di manzo (vedi<u>Ricetta</u>) o brodo di carne senza sale aggiunto
- ¾ bicchiere di vino bianco secco
- 3 grandi spicchi d'aglio, schiacciati e sbucciati
- 2 libbre di radice di sedano, sbucciata e tagliata a cubetti da 1 pollice
- 6 pastinache medie, sbucciate e tagliate a fette da 1 pollice (circa 2 libbre)
- 2 cucchiai di olio d'oliva
- 2 cucchiai di crema di anacardi (vedi<u>Ricetta</u>)
- 1 cucchiaio di senape di Digione (vedi<u>Ricetta</u>)
- ¼ di tazza di erba cipollina tritata

1. Per il bouquet garni, taglia un quadrato di garza da 7 pollici. Metti al centro della garza i grani di pepe, la salvia, il pimento e la

scorza d'arancia. Raccogli gli angoli della garza e legali insieme con spago da cucina pulito in cotone 100%. Mettere da parte.

2. Eliminare il grasso dalla spalla d'agnello; Tagliare l'agnello in pezzi di 2,5 cm. Scaldare 3 cucchiai di olio d'oliva in un forno olandese a fuoco medio. Friggere l'agnello, se necessario in porzioni, in olio bollente fino a doratura; Togliere dalla padella e tenere in caldo. Aggiungi la cipolla alla padella; Cuocere da 5 a 8 minuti o fino a quando saranno teneri e leggermente dorati. Aggiungere il bouquet garni, i pomodori non sgocciolati, 1 tazza e ¼ di brodo di manzo, il vino e l'aglio. Cucinare; Ridurre il calore. Coprite e lasciate cuocere per 2 ore, mescolando di tanto in tanto. Rimuovere ed eliminare il bouquet garni.

3. Nel frattempo, per preparare il purè, mettere il sedano e le pastinache in una pentola capiente; coprire con acqua. Portare a ebollizione a fuoco medio-alto; Ridurre il calore al minimo. Coprire e cuocere a fuoco lento per 30-40 minuti o fino a quando le verdure saranno molto tenere quando vengono forate con una forchetta. drenare; Metti le verdure in un robot da cucina. Aggiungere il rimanente ¼ di tazza di brodo di manzo e 2 cucchiai di olio; Frullare fino a quando la purea sarà quasi liscia ma avrà ancora una certa consistenza, fermandosi una o due volte per raschiare i lati. Metti la purea in una ciotola. Incorporare la crema di anacardi, la senape e l'erba cipollina.

4. Per servire, dividere la purea in quattro ciotole; Completare con una pentola calda di agnello.

SPEZZATINO DI AGNELLO CON TAGLIATELLE DI SEDANO RAPA

PREPARAZIONI:Cottura in 30 minuti: 1 ora e 30 minuti, resa: 6 porzioni

IL SEDANO HA UN APPROCCIO COMPLETAMENTE DIVERSOSI FORMA DI PIÙ IN QUESTA PENTOLA CHE NELLA PENTOLA DELL'AGNELLO (CFRRICETTA). UTILIZZANDO UNA MANDOLINA SI TAGLIANO DELLE STRISCE MOLTO SOTTILI DALLA RADICE DOLCE E RICCA DI NOCCIOLE. CUOCERE A FUOCO LENTO LE "NOODLES" NELLA PENTOLA FINCHÉ NON SARANNO MORBIDE.

    2 cucchiaini di condimento alle erbe di limone (vediRicetta)
    1½ libbra di carne di stufato di agnello, tagliata a cubetti da 1 pollice
    2 cucchiai di olio d'oliva
    2 dl di cipolla tritata
    1 tazza di carote tritate
    1 tazza di barbabietole a dadini
    1 cucchiaio di aglio tritato finemente (6 spicchi)
    2 cucchiai di passata di pomodoro senza sale aggiunto
    ½ dl di vino rosso secco
    4 tazze di brodo di manzo (vediRicetta) o brodo di carne senza sale aggiunto
    1 foglia di alloro
    2 tazze di zucca butternut a dadini da 1 pollice
    1 tazza di melanzane a cubetti
    1 libbra di radice di sedano, sbucciata
    Prezzemolo fresco tritato

1. Preriscaldare il forno a 250°F. Cospargere uniformemente il condimento alle erbe e limone sull'agnello. Mescolare delicatamente per ricoprire. Scaldare un forno olandese da 6 a 8 litri a fuoco medio-alto. Aggiungere 1 cucchiaio di olio d'oliva e metà dell'agnello condito nella casseruola. Friggere la carne in

olio bollente su tutti i lati; Trasferire la carne rosolata in un piatto e ripetere con l'agnello rimanente e l'olio d'oliva. Ridurre il calore a medio.

2. Aggiungi cipolle, carote e barbabietole nella pentola. Cuocere e mescolare le verdure 4 minuti; Aggiungere l'aglio e la passata di pomodoro e cuocere per 1 altro minuto. Aggiungi il vino rosso, il brodo di manzo, le foglie di alloro, la carne rimanente e i succhi accumulati nella pentola. Portare la miscela a ebollizione. Coprire il forno olandese e metterlo nel forno preriscaldato. Cuocere per 1 ora. Mescolare la zucca e le melanzane. Rimettete in forno e fate cuocere per altri 30 minuti.

3. Mentre la casseruola è nel forno, usate una mandolina per affettare il sedano rapa a fettine molto sottili. Tagliare le fette di radice di sedano in strisce larghe ½ pollice. (Dovresti avere circa 4 tazze.) Mescola le strisce di radice di sedano nella pentola. Cuocere a fuoco lento per circa 10 minuti o fino a quando saranno teneri. Rimuovere ed eliminare le foglie di alloro prima di servire lo spezzatino. Cospargere ogni porzione con prezzemolo tritato.

COSTOLETTE DI AGNELLO FRANCESI CON CHUTNEY DI DATTERI E MELOGRANO

PREPARAZIONI:Cuocere 10 minuti: Raffreddare 18 minuti: 10 minuti
Resa: 4 porzioni

IL TERMINE "FRANCESE" SI RIFERISCE AD UNA COSTOLADA CUI VENIVANO RIMOSSI IL GRASSO, LA CARNE E IL TESSUTO CONNETTIVO CON UN AFFILATO COLTELLO DA VERDURA. È UNA PRESENTAZIONE ATTRAENTE. CHIEDI AL TUO MACELLAIO DI FARLO O FALLO TU STESSO.

CHUTNEY
½ tazza di succo di melograno non zuccherato
1 cucchiaio di succo di limone fresco
1 scalogno, sbucciato e tagliato ad anelli sottili
1 cucchiaino di buccia d'arancia grattugiata finemente
⅓ tazza di datteri Medjoul tritati
¼ cucchiaino di peperoncino tritato
¼ di tazza di semi di melograno*
1 cucchiaio di olio d'oliva
1 cucchiaio di prezzemolo fresco italiano (a foglia piatta) tritato

COSTOLETTE DI AGNELLO
2 cucchiai di olio d'oliva
8 costolette di agnello francesi

1. Per preparare il chutney, unisci il succo di melograno, il succo di limone e lo scalogno in una piccola casseruola. Cucinare; Ridurre il calore. Cuocere a fuoco lento scoperto per 2 minuti. Aggiungere la buccia d'arancia, i datteri e il peperoncino tritato. Lasciare riposare finché non si raffredda, circa 10 minuti. Mescolare il melograno, 1 cucchiaio di olio d'oliva e il

prezzemolo. Lasciare riposare a temperatura ambiente fino al momento di servire.

2. Per le costolette, scalda 2 cucchiai di olio d'oliva in una padella capiente a fuoco medio-alto. Aggiungere le costolette alla padella in lotti e cuocere a fuoco medio (145 ° F), girando una volta, da 6 a 8 minuti. Ricoprire le braciole con il chutney.

*Nota: i melograni freschi e i loro semi sono disponibili da ottobre a febbraio. Se non li trovate, usate i semi secchi non zuccherati per dare più croccantezza al chutney.

COSTOLETTE DI AGNELLO CHIMICHURRI CON INSALATA DI RADICCHIO SALTATO

PREPARAZIONI: Marinare per 30 minuti: Cuocere per 20 minuti: Per: 4 porzioni

IN ARGENTINA, IL CHIMICHURRI È LA SPEZIA PIÙ POPOLARE CHE SI ABBINA ALLA FAMOSA BISTECCA ALLA GRIGLIA IN STILE GAUCHO DEL PAESE. ESISTONO MOLTE VARIANTI, MA LA SALSA DENSA ALLE ERBE È SOLITAMENTE COMPOSTA DA PREZZEMOLO, CORIANDOLO O ORIGANO, SCALOGNO E/O AGLIO, PEPERONCINO TRITATO, OLIO D'OLIVA E ACETO DI VINO ROSSO. HA UN SAPORE FANTASTICO CON LA BISTECCA ALLA GRIGLIA, MA È OTTIMO ANCHE CON COSTOLETTE DI AGNELLO, POLLO E MAIALE SCOTTATE IN PADELLA O SCOTTATE.

8 costolette di agnello, tagliate spesse 2,5 cm
½ tazza di salsa chimichurri (vedi Ricetta)
2 cucchiai di olio d'oliva
1 cipolla dolce, tagliata a metà e affettata
1 cucchiaino di cumino tritato*
1 spicchio d'aglio, tritato
1 cespo di radicchio privato dei semi e tagliato a listarelle sottili
1 cucchiaio di aceto balsamico

1. Metti le costolette di agnello in una ciotola molto grande. Irrorare 2 cucchiai di salsa chimichurri sopra. Usa le dita per strofinare la salsa su tutta la superficie di ogni cotoletta. Lasciare marinare le costolette a temperatura ambiente per 20 minuti.

2. Nel frattempo, per preparare la insalata di radicchio saltata, scalda 1 cucchiaio di olio d'oliva in una padella molto grande. Aggiungi cipolla, cumino e aglio; Cuocere da 6 a 7 minuti o fino a quando la cipolla sarà morbida, mescolando spesso. Aggiungi

il radicchio; Cuocere 1 o 2 minuti o fino a quando il radicchio appassisce leggermente. Metti l'insalata di cavolo in una ciotola capiente. Aggiungere l'aceto balsamico e mescolare bene. Coprire e tenere al caldo.

3. Pulisci la padella. Aggiungere il rimanente 1 cucchiaio di olio d'oliva nella padella e scaldare a fuoco medio-alto. Aggiungere le costolette d'agnello; Ridurre il calore a medio. Cuocere per 9-11 minuti o fino alla cottura desiderata, girando di tanto in tanto le costolette con una pinza.

4. Servire la cotoletta con insalata di cavolo e la rimanente salsa chimichurri.

*Nota: per tritare il cumino, utilizzare un mortaio e un pestello oppure posizionare i semi su un tagliere e schiacciarli con un coltello da chef.

COSTOLETTE DI AGNELLO STROFINATE CON ANCHO E SALVIA CON REMOULADE DI CAROTE E PATATE DOLCI

PREPARAZIONI:12 minuti Raffreddamento: da 1 a 2 ore Grigliatura: 6 minuti Per: 4 porzioni

ESISTONO TRE TIPI DI COSTOLETTE DI AGNELLO.LE COSTOLETTE DI LOMBO SPESSE E CARNOSE SEMBRANO PICCOLE BISTECCHE CON L'OSSO. LE COSTOLETTE – COME VENGONO CHIAMATE QUI – VENGONO CREATE TAGLIANDO TRA LE COSCE DI UN CARRÉ DI AGNELLO. SONO MOLTO DELICATI E HANNO UNA GAMBA LUNGA E ATTRAENTE SUL LATO. SPESSO VENGONO SERVITI FRITTI O GRIGLIATI. LE COSTOLETTE DI SPALLA ECONOMICHE SONO LEGGERMENTE PIÙ GRASSE E MENO TENERE RISPETTO ALLE ALTRE DUE VARIETÀ. È MEGLIO ROSOLARE E POI BRASARE NEL VINO, NEL BRODO E NEI POMODORI – O IN UNA COMBINAZIONE DI QUESTI.

- 3 carote medie, grattugiate grossolanamente
- 2 patate dolci piccole, tagliate a julienne* o grattugiate grossolanamente
- ½ tazza di Paleo Mayo (vedi Ricetta)
- 2 cucchiai di succo di limone fresco
- 2 cucchiaini di senape di Digione (vedi Ricetta)
- 2 cucchiai di prezzemolo fresco tritato
- ½ cucchiaino di pepe nero
- 8 costolette di agnello, tagliate a fette spesse da ½ a ¾ pollice
- 2 cucchiai di salvia fresca tritata o 2 cucchiaini di salvia secca, tritata
- 2 cucchiaini di peperoncino macinato
- ½ cucchiaino di aglio in polvere

1. Per preparare la salsa tartara, unisci le carote e le patate dolci in una ciotola media. In una piccola ciotola, mescolare insieme la maionese paleo, il succo di limone, la senape di Digione, il

prezzemolo e il pepe nero. Versare sopra carote e patate dolci; Mescolare per ricoprire. Coprire e conservare in frigorifero per 1 o 2 ore.

2. Nel frattempo, unisci la salvia, l'acciuga e l'aglio in polvere in una piccola ciotola. Strofinare la miscela di spezie sulle costolette di agnello.

3. Per una griglia a carbone o a gas, posiziona le costolette di agnello direttamente su una griglia e scaldale a fuoco medio. Coprire e grigliare per 6-8 minuti per una cottura media (145 °F) o da 10 a 12 minuti per una cottura media (150 °F), girando una volta a metà del tempo di cottura.

4. Servire le costolette d'agnello con salsa tartara.

*Nota: utilizzare una mandolina con accessorio julienne per tagliare le patate dolci.

STROFINARE LE COSTOLETTE DI AGNELLO CON SCALOGNO, MENTA E ORIGANO

PREPARAZIONI: 20 minuti Marinatura: da 1 a 24 ore Arrosto: 40 minuti Grigliatura: 12 minuti Quantità: 4 porzioni

COME CON LA MAGGIOR PARTE DEI PIATTI DI CARNE MARINATAQUANTO PIÙ A LUNGO LASCERETE IL COMPOSTO DI ERBE SULLE COSTOLETTE DI AGNELLO PRIMA DELLA COTTURA, TANTO PIÙ AROMATICHE SARANNO. UN'ECCEZIONE A QUESTA REGOLA SI VERIFICA SE SI UTILIZZA UNA MARINATA CHE CONTIENE INGREDIENTI ALTAMENTE ACIDI COME SUCCO DI LIMONE, ACETO E VINO. SE LASCI RIPOSARE LA CARNE IN UNA MARINATA ACIDA PER TROPPO TEMPO, INIZIERÀ A ROMPERSI E A DIVENTARE MOLLE.

AGNELLO
- 2 cucchiai di scalogno tritato finemente
- 2 cucchiai di menta fresca tritata finemente
- 2 cucchiai di origano fresco tritato finemente
- 5 cucchiaini di spezie mediterranee (vedi Ricetta)
- 4 cucchiaini di olio d'oliva
- 2 spicchi d'aglio, tritati
- 8 costolette di agnello, tagliate a fette spesse circa 1 pollice

INSALATA
- ¾ libbra di barbabietole, pulite
- 1 cucchiaio di olio d'oliva
- ¼ tazza di succo di limone fresco
- ¼ tazza di olio d'oliva
- 1 cucchiaio di scalogno tritato finemente
- 1 cucchiaino di senape di Digione (vedi Ricetta)
- 6 tazze di verdure miste

4 cucchiaini di erba cipollina tritata

1. Per l'agnello, in una piccola ciotola, unisci 2 cucchiai di scalogno, menta, origano, 4 cucchiaini di condimento mediterraneo e 4 cucchiaini di olio d'oliva. Cospargere le costolette di agnello su tutti i lati con il rub; strofinare con le dita. Metti le costolette su un piatto; Coprire con pellicola trasparente e conservare in frigorifero a marinare per almeno 1 ora o fino a 24 ore.

2. Per l'insalata preriscaldare il forno a 200°C. Strofina bene le barbabietole; tagliare a spicchi. Versare in una teglia da 2 litri. Irrorare 1 cucchiaio di olio d'oliva sopra. Coprire il modulo con un foglio. Arrostire fino a quando le barbabietole saranno tenere, circa 40 minuti. Lasciare raffreddare completamente. (Le barbabietole possono essere arrostite fino a 2 giorni prima.)

3. Unisci il succo di limone, ¼ di tazza di olio d'oliva, 1 cucchiaio di scalogno, la senape di Digione e il restante cucchiaino di condimento mediterraneo in un barattolo con tappo a vite. Coprire e agitare bene. Unisci barbabietole e verdure in un'insalatiera. Mescolare con un po' di vinaigrette.

4. Se si utilizza una griglia a carbone o a gas, posizionare le costolette direttamente sulla griglia unta a fuoco medio. Coprire e grigliare nella forma desiderata, girando una volta a metà del tempo di cottura. Attendere da 12 a 14 minuti per una cottura media (145 ° F) o da 15 a 17 minuti per una cottura media (160 ° F).

5. Per servire, disporre due costolette di agnello e parte dell'insalata su ciascuno dei quattro piatti da portata. Cospargere l'erba cipollina sopra. Mescolare la vinaigrette rimanente.

HAMBURGER DI AGNELLO FARCITO ALL'ORTO CON COULIS DI PEPERONI ROSSI

PREPARAZIONI:Lasciare riposare per 20 minuti: Grigliare per 15 minuti: 27 minuti Resa: 4 porzioni

UNA COULIS NON È ALTRO CHE UNA SALSA SEMPLICE E MORBIDAA BASE DI PUREA DI FRUTTA O VERDURA. LA SALSA DI PEPERONI ROSSI BRILLANTE E BELLA PER QUESTI HAMBURGER DI AGNELLO RICEVE UNA DOPPIA DOSE DI FUMO, DALLA GRIGLIA E UN PIZZICO DI PAPRIKA AFFUMICATA.

COULIS DI PEPERONI ROSSI
- 1 peperone rosso grande
- 1 cucchiaio di vino bianco secco o aceto di vino bianco
- 1 cucchiaino di olio d'oliva
- ½ cucchiaino di paprika affumicata in polvere

HAMBURGER
- ¼ di tazza di pomodori secchi acerbi tritati
- ¼ tazza di zucchine grattugiate
- 1 cucchiaio di basilico fresco tritato
- 2 cucchiaini di olio d'oliva
- ½ cucchiaino di pepe nero
- 1½ libbra di agnello macinato
- 1 albume d'uovo, leggermente sbattuto
- 1 cucchiaio di spezie mediterranee (vedi Ricetta)

1. Per la coulis di peperoni rossi, posizionare il peperoncino direttamente sulla griglia a fuoco medio. Coprire e grigliare finché non sarà carbonizzato e molto tenero, da 15 a 20 minuti. Girare i peperoni ogni 5 minuti per farli carbonizzare su ciascun lato. Togliere dalla griglia e metterli immediatamente

in un sacchetto di carta o pellicola per racchiudere completamente i peperoni. Lasciare riposare per 15 minuti o fino a quando non sarà abbastanza freddo da poter essere maneggiato. Usa un coltello affilato per staccare con cura la pelle e scartarla. Tagliate i peperoni in quattro nel senso della lunghezza ed eliminate il gambo, i semi e la buccia. Unisci i peperoni arrostiti, il vino, l'olio d'oliva e la paprika affumicata in un robot da cucina. Coprire ed elaborare o frullare fino a che liscio.

2. Nel frattempo, per preparare il ripieno, mettere i pomodori secchi in una piccola ciotola e coprire con acqua bollente. Lasciare agire per 5 minuti; drenare. Asciugare i pomodori e le zucchine tagliuzzate con carta assorbente. In una piccola ciotola, unisci pomodori, zucchine, basilico, olio d'oliva e ¼ di cucchiaino di pepe nero; mettere da parte.

3. In una ciotola capiente, unisci l'agnello macinato, gli albumi, il restante ¼ di cucchiaino di pepe nero e le spezie mediterranee. mescolare bene. Dividere il composto di carne in otto parti uguali e formare con ciascuna una polpetta spessa ¼ di pollice. Dividere il ripieno tra quattro bistecche. Posizionare le polpette rimanenti sopra e unire i bordi per sigillare il ripieno.

4. Metti le bistecche direttamente sulla griglia a fuoco medio. Coprire e grigliare per 12-14 minuti o fino a cottura ultimata (160 ° F), girando una volta a metà del tempo di cottura.

5. Per servire, guarnire gli hamburger con la coulis di peperoni rossi.

SPIEDINI DI AGNELLO CON DOPPIO ORIGANO E SALSA TZATZIKI

BAGNATO:30 minuti Preparazione: 20 minuti Raffreddamento: 30 minuti Grigliatura: 8 minuti Quantità: 4 porzioni

QUESTI KEBAB DI AGNELLO SONO ESSENZIALMENTEQUELLA CHE NEL MEDITERRANEO E NEL MEDIO ORIENTE VIENE CHIAMATA KOFTA: LA CARNE MACINATA CONDITA (SOLITAMENTE AGNELLO O MANZO) VIENE FORMATA IN PALLINE O ATTORNO A UNO SPIEDO E POI GRIGLIATA. L'ORIGANO FRESCO E SECCO CONFERISCONO LORO UN OTTIMO GUSTO GRECO.

Spiedini di legno da 8 pezzi da 10 pollici

SPIEDINI DI AGNELLO
1½ libbra di agnello macinato magro
1 cipolla piccola, tritata e pressata a secco
1 cucchiaio di origano fresco tritato
2 cucchiaini di origano secco, tritato
1 cucchiaino di pepe nero

SALSA GRECA TZATZIKI
1 tazza di Paleo Mayo (vediRicetta)
½ cetriolo grande, privato dei semi, grattugiato e pressato a secco
2 cucchiai di succo di limone fresco
1 spicchio d'aglio, tritato

1. Immergere gli spiedini in acqua sufficiente a coprirli per 30 minuti.

2. Per preparare gli spiedini di agnello, unisci l'agnello macinato, le cipolle, l'origano fresco e secco e il pepe in una grande ciotola. mescolare bene. Dividete il composto di agnello in otto porzioni uguali. Modella ciascuna sezione attorno alla metà di uno

spiedino per formare un tronco da 5 x 1 pollice. Coprire e conservare in frigorifero per almeno 30 minuti.

3. Nel frattempo, per preparare la salsa tzatziki, unisci la maionese Paleo, il cetriolo, il succo di limone e l'aglio in una piccola ciotola. Coprire e conservare in frigorifero fino al momento di servire.

4. Per una griglia a carbone o a gas, posizionare gli spiedini di agnello direttamente sulla griglia e lasciarli scaldare a fuoco medio. Coprire e grigliare a fuoco medio (160 ° F), circa 8 minuti, girando una volta a metà del tempo di grigliatura.

5. Servire gli spiedini di agnello con salsa tzatziki.

POLLO FRITTO CON ZAFFERANO E LIMONE

PREPARAZIONI:Lasciare raffreddare per 15 minuti: Arrostire per 8 ore: 1 ora Lasciare riposare per 15 minuti: 10 minuti Confezione: 4 porzioni

LO ZAFFERANO SONO GLI STAMI ESSICCATI UNA SPECIE DI FIORE DI CROCO. È COSTOSO, MA UNA PICCOLA QUANTITÀ PUÒ FARE MOLTO. DÀ A QUESTO POLLO FRESCO IL SUO SAPORE TERROSO E DISTINTO E LA MERAVIGLIOSA TONALITÀ GIALLA.

- 1 pollo intero da 4 a 5 libbre
- 3 cucchiai di olio d'oliva
- 6 spicchi d'aglio, schiacciati e sbucciati
- 1 cucchiaio e mezzo di scorza di limone grattugiata finemente
- 1 cucchiaio di timo fresco
- 1½ cucchiaino di pepe nero macinato
- ½ cucchiaino di fili di zafferano
- 2 foglie di alloro
- 1 limone, squartato

1. Rimuovere il collo e le frattaglie dal pollo. smaltire o conservare per un altro uso. Sciacquare la cavità del pollo; Asciugare con carta assorbente. Eliminare la pelle e il grasso in eccesso dal pollo.

2. Unisci l'olio d'oliva, l'aglio, la scorza di limone, il timo, il pepe e lo zafferano in un robot da cucina. Trasformarlo in una pasta liscia.

3. Usando le dita, strofina la pasta sull'esterno del pollo e sull'interno della cavità. Metti il pollo in una ciotola capiente; Coprire e conservare in frigorifero per almeno 8 ore o durante la notte.

4. Preriscaldare il forno a 425°F. Aggiungi la scorza di limone e le foglie di alloro nella cavità del pollo. Lega insieme le gambe con spago da cucina in cotone 100%. Riempi le ali sotto il pollo. Inserisci un termometro per carne adatto al forno all'interno del muscolo della coscia senza toccare l'osso. Metti il pollo su una griglia in una grande teglia.

5. Arrostire per 15 minuti. Ridurre la temperatura del forno a 375 ° F. Arrostire per circa un'altra ora o finché i succhi non diventano chiari e il termometro registra 175°F. Pollo da tenda con pellicola. Lasciare riposare 10 minuti prima di tagliare.

POLLO SPATCHCOCKED CON JICAMA SLAW

PREPARAZIONI:40 minuti Tempo di grigliatura: 1 ora e 5 minuti Tempo di riposo: 10 minuti Resa: 4 porzioni

"SPATCHCOCK" È UN VECCHIO TERMINE CULINARIOQUESTO TERMINE È RECENTEMENTE TORNATO IN USO PER DESCRIVERE IL PROCESSO MEDIANTE IL QUALE UN UCCELLINO, COME UN POLLO O UNA GALLINA DELLA CORNOVAGLIA, VIENE DIVISO LUNGO LA SCHIENA, QUINDI APERTO E APPIATTITO COME UN LIBRO IN MODO CHE CUCINI PIÙ VELOCEMENTE E IN MODO PIÙ UNIFORME. È SIMILE ALLA FARFALLA, MA SI RIFERISCE SOLO AL POLLAME.

POLLO
- 1 peperoncino poblano
- 1 cucchiaio di scalogno tritato finemente
- 3 spicchi d'aglio, tritati
- 1 cucchiaino di scorza di limone grattugiata finemente
- 1 cucchiaino di scorza di lime tritata finemente
- 1 cucchiaino di spezie affumicate (vedi Ricetta)
- ½ cucchiaino di origano secco, tritato
- ½ cucchiaino di cumino macinato
- 1 cucchiaio di olio d'oliva
- 1 pollo intero da 3 a 3½ libbre

INSALATA DI CAVOLO
- ½ jicama media, sbucciata e tagliata a julienne (circa 3 tazze)
- ½ tazza di cipolle verdi affettate sottili (4)
- 1 mela Granny Smith, sbucciata, privata del torsolo e tagliata a julienne
- ⅓ tazza di coriandolo fresco tritato
- 3 cucchiai di succo d'arancia fresco
- 3 cucchiai di olio d'oliva

1 cucchiaino di condimento alle erbe di limone (vedi<u>Ricetta</u>)

1. Per una griglia a carbone, posizionare i carboni medio-caldi su un lato della griglia. Posizionare una leccarda sotto il lato vuoto della griglia. Metti il poblano sulla griglia direttamente sui carboni medi. Coprire e grigliare per 15 minuti o finché il poblano non sarà carbonizzato su tutti i lati, girando di tanto in tanto. Avvolgi immediatamente il poblano nella carta stagnola; Lasciare riposare per 10 minuti. Apri la pellicola e taglia il poblano a metà nel senso della lunghezza; Rimuovere gambi e semi (vedi<u>Mancia</u>). Usa un coltello affilato per staccare con cura la pelle e scartarla. Tritare finemente il poblano. (Per una griglia a gas, preriscaldare la griglia; ridurre il calore a medio. Impostare sulla griglia indiretta. Grigliare sul bruciatore come descritto sopra.)

2. Unisci poblano, scalogno, aglio, scorza di limone, scorza di lime, spezie affumicate, origano e cumino in una piccola ciotola. Mescolare l'olio; Mescolare bene fino a formare una pasta.

3. Per infilzare il pollo, rimuovere il collo e le frattaglie dal pollo (conservarle per un altro uso). Metti il pollo, con il petto rivolto verso il basso, su un tagliere. Usando le forbici da cucina, taglia un lato della colonna vertebrale nel senso della lunghezza, iniziando dal collo. Ripeti il taglio longitudinalmente sul lato opposto della colonna vertebrale. Rimuovere la spina dorsale e scartarla. Girare la pelle del pollo verso l'alto. Premere verso il basso tra i seni per rompere lo sterno e far sì che il pollo resti piatto.

4. Iniziando dal collo di un lato del seno, fai scorrere le dita tra la pelle e la carne, allentando la pelle e lavorando verso la coscia. Allenta la pelle intorno alla coscia. Ripeti dall'altra parte.

Usando le dita, stendi il condimento sulla carne sotto la pelle del pollo.

5. Posizionare il pollo, con il petto rivolto verso il basso, sulla griglia sopra la leccarda. Pesalo con due pietre avvolte nella carta stagnola o con una grande padella di ghisa. Coprire e grigliare per 30 minuti. Capovolgere il pollo con il lato dell'osso su una griglia e appesantirlo nuovamente con pietre refrattarie o una teglia. Grigliare, coperto, per altri 30 minuti o fino a quando il pollo non sarà più rosa (80 °C nel muscolo della coscia). Rimuovere il pollo dalla griglia; Lasciare riposare per 10 minuti. (Se si utilizza una griglia a gas, posizionare il pollo sulla griglia, lontano dal fuoco. Grigliare come sopra.)

6. Nel frattempo, per preparare lo slaw, unisci la jicama, gli scalogni, la mela e il coriandolo in una grande ciotola. Mescolare il succo d'arancia, l'olio e il condimento alle erbe di limone in una piccola ciotola. Versare sopra il composto di jicama e mescolare. Servire il pollo con insalata di cavolo.

RETRO DI POLLO FRITTO CON VODKA, CAROTE E SALSA DI POMODORO

PREPARAZIONI:15 minuti cottura: 15 minuti arrostitura: 30 minuti resa: 4 porzioni

LA VODKA PUÒ ESSERE PREPARATA DA DIVERSIVARI ALIMENTI, TRA CUI PATATE, MAIS, SEGALE, GRANO E ORZO – PERSINO UVA. ANCHE SE QUESTA SALSA NON CONTIENE MOLTA VODKA SE DIVISA IN QUATTRO PORZIONI, CERCA LA VODKA FATTA CON PATATE O UVA PER ESSERE PALEO-CONFORME.

3 cucchiai di olio d'oliva
4 cosce di pollo con osso o pezzi di pollo carnosi, sbucciati
1 lattina da 28 once senza aggiunta di sale di pomodorini, scolati
½ tazza di cipolla tritata finemente
½ tazza di carota tritata finemente
3 spicchi d'aglio, tritati
1 cucchiaino di spezie mediterranee (vedi Ricetta)
⅛ cucchiaino di pepe di cayenna
1 rametto di rosmarino fresco
2 cucchiai di vodka
1 cucchiaio di basilico fresco tritato (facoltativo)

1. Preriscaldare il forno a 180°C. Scaldare 2 cucchiai di olio in una padella molto grande a fuoco medio-alto. Aggiungi pollo; Cuocere per circa 12 minuti o fino a quando saranno dorate e dorate in modo uniforme. Metti la padella nel forno preriscaldato. Arrosto scoperto per 20 minuti.

2. Nel frattempo, per la salsa, tagliate i pomodori a pezzetti con le forbici da cucina. Scaldare 1 cucchiaio di olio rimanente in una casseruola media a fuoco medio-alto. Aggiungi cipolla, carota e aglio; Cuocere 3 minuti o fino a quando saranno teneri,

mescolando spesso. Incorporare i pomodori tritati, le spezie mediterranee, il pepe di cayenna e il rametto di rosmarino. Portare a ebollizione a fuoco medio-alto; Ridurre il calore. Cuocere a fuoco lento per 10 minuti senza coperchio, mescolando di tanto in tanto. Mescolare la vodka; lasciar cuocere ancora 1 minuto; Rimuovere ed eliminare il rametto di rosmarino.

3. Versare la salsa sul pollo nella padella. Rimetti la teglia nel forno. Arrostire, coperto, finché il pollo non sarà tenero e non sarà più rosa (70 °C), circa altri 10 minuti. Se lo si desidera, cospargere con basilico.

RÔTI DI POLLO E PATATINE FRITTE DI RUTABAGA

PREPARAZIONI:40 minuti cottura: 40 minuti resa: 4 porzioni

LE PATATINE CROCCANTI DI RAPA SONO DELIZIOSESERVITI CON IL POLLO FRITTO E IL SUGO DI COTTURA CHE LO ACCOMPAGNA, MA POSSONO ESSERE ALTRETTANTO FACILMENTE PREPARATI AL NATURALE E SERVITI CON PALEO KETCHUP (VEDIRICETTA) O ALLA BELGA CON PALEO AÏOLI (MAIONESE ALL'AGLIO, CFRRICETTA).

6 cucchiai di olio d'oliva
1 cucchiaio di spezie mediterranee (vediRicetta)
4 cosce di pollo con osso e senza pelle (circa 1 ¼ libbre in totale)
4 cosce di pollo, senza pelle (circa 1 libbra in totale)
1 dl di vino bianco secco
1 tazza di brodo di ossa di pollo (vediRicetta) o brodo di pollo senza sale aggiunto
1 cipolla piccola, tagliata in quarti
olio d'oliva
Da 1½ a 2 libbre di rutabaga
2 cucchiai di erba cipollina fresca tritata
Pepe nero

1. Preriscaldare il forno a 400 ° F. In una piccola ciotola, unisci 1 cucchiaio di olio d'oliva e spezie mediterranee; Strofina i pezzi di pollo con esso. Scaldare 2 cucchiai di olio in una padella molto grande. Aggiungi i pezzi di pollo, con la carne rivolta verso il basso. Cuocere, scoperto, fino a doratura, circa 5 minuti. Togli la padella dal fuoco. Girare i pezzi di pollo, con la parte rosolata rivolta verso l'alto. Aggiungere il vino, il brodo di ossa di pollo e le cipolle.

2. Posiziona la teglia al centro della griglia nel forno. Cuocere scoperto per 10 minuti.

3. Per le patatine fritte, ungere leggermente un grande pezzo di carta da forno con olio d'oliva; mettere da parte. Sbucciare le rape. Usando un coltello affilato, tagliare la rutabaga a fette da ½ pollice. Tagliare le fette nel senso della lunghezza in strisce da ½ pollice. In una ciotola capiente, condite le listarelle di rapa con i restanti 3 cucchiai di olio. Distribuire le strisce di rutabaga in un unico strato sulla teglia preparata; Mettere nel forno sul ripiano superiore. Cuocere 15 minuti; Gira le patatine. Cuocere il pollo per altri 10 minuti o fino a quando non sarà più rosa (175 ° F). Togli il pollo dal forno. Cuocere le patatine per 5-10 minuti o fino a quando saranno dorate e tenere.

4. Togliere il pollo e le cipolle dalla padella e conservare il succo. Coprire il pollo e le cipolle per mantenerli al caldo. Portare il succo a ebollizione a fuoco medio-alto. Ridurre il calore. Cuocere a fuoco lento scoperto per circa 5 minuti o finché il succo non si sarà leggermente ridotto.

5. Per servire, mescolare le patatine fritte con l'erba cipollina e condire con pepe. Servire il pollo con sugo e patatine fritte.

COQ AU VIN AI TRE FUNGHI CON PUREA DI ERBA CIPOLLINA

PREPARAZIONI:15 minuti Preparazione: 1 ora e 15 minuti Per: da 4 a 6 porzioni

SE C'È SABBIA NELLA CIOTOLADOPO AVER MESSO A BAGNO I FUNGHI SECCHI, COME PROBABILMENTE FARAI, FILTRA IL LIQUIDO ATTRAVERSO UNA GARZA A DOPPIO SPESSORE IN UN COLINO A MAGLIA FINE.

- 1 oncia di funghi porcini secchi o spugnole
- 1 dl di acqua bollente
- Da 2 a 2½ libbre di cosce e cosce di pollo, senza pelle
- Pepe nero
- 2 cucchiai di olio d'oliva
- 2 porri medi, tagliati a metà nel senso della lunghezza, sciacquati e affettati sottilmente
- 2 funghi portobello, affettati
- 8 once di funghi ostrica freschi, senza gambo e affettati, o di funghi champignon freschi affettati
- ¼ tazza di passata di pomodoro senza sale aggiunto
- 1 cucchiaino di maggiorana secca, tritata
- ½ cucchiaino di timo secco, tritato
- ½ dl di vino rosso secco
- 6 tazze di brodo di ossa di pollo (vediRicetta) o brodo di pollo senza sale aggiunto
- 2 foglie di alloro
- Da 2 a 2½ libbre di rutabaga, sbucciate e tritate
- 2 cucchiai di erba cipollina fresca tritata
- ½ cucchiaino di pepe nero
- Timo fresco tritato (facoltativo)

1. Unisci i funghi porcini e l'acqua bollente in una piccola ciotola. Lasciare riposare 15 minuti. Rimuovere la spugna e conservare

il liquido di ammollo. Tritare il fungo. Metti da parte la spugna e il liquido di ammollo.

2. Cospargere il pollo con pepe. Scaldare 1 cucchiaio di olio d'oliva a fuoco medio-alto in una padella extra large con un coperchio aderente. Friggere i pezzi di pollo in due volte in olio bollente per circa 15 minuti finché non prendono un po' di colore, girandoli una volta. Togliere il pollo dalla padella. Incorporare i porri, i funghi portobello e i funghi ostrica. Cuocere per 4-5 minuti o fino a quando i funghi iniziano a dorarsi, mescolando di tanto in tanto. Unire la passata di pomodoro, la maggiorana e il timo; cuocere e mescolare 1 minuto. Mescolare il vino; cuocere e mescolare 1 minuto. Mescolare 3 tazze di brodo di ossa di pollo, foglie di alloro, ½ tazza di liquido di ammollo dei funghi messo da parte e funghi tritati reidratati. Aggiungi nuovamente il pollo nella padella. Cucinare; Ridurre il calore. Coprire e cuocere a fuoco lento per circa 45 minuti o fino a quando il pollo sarà tenero, girandolo una volta a metà cottura.

3. Nel frattempo, in una pentola capiente, unire le rape e i restanti 3 dl di brodo. Se necessario aggiungete acqua fino a coprire appena le rape. Cucinare; Ridurre il calore. Cuocere a fuoco lento, scoperto, per 25-30 minuti o fino a quando la rutabaga sarà tenera, mescolando di tanto in tanto. Scolare le rape, conservando il liquido. Rimetti le rape nella pentola. Aggiungere il restante 1 cucchiaio di olio d'oliva, l'erba cipollina e ½ cucchiaino di pepe. Schiacciare il composto di rutabaga con uno schiacciapatate, aggiungendo liquido di cottura quanto basta per raggiungere la consistenza desiderata.

4. Rimuovere la foglia di alloro dal composto di pollo; scartare. Servire il pollo e la salsa sopra il purè di rape. Se lo si desidera, cospargere con timo fresco.

BACCHETTE GLASSATE CON BRANDY ALLA PESCA

PREPARAZIONI:Grigliare per 30 minuti: 40 minuti produce: 4 porzioni

QUESTE COSCE DI POLLO SONO PERFETTECON UNA CROCCANTE INSALATA DI CAVOLO E LE PICCANTI PATATE DOLCI FRITTE AL FORNO SECONDO LA RICETTA TUNISINA DELLA SPALLA DI MAIALE STROFINATA CON SPEZIE (VEDIRICETTA). QUI VENGONO PRESENTATI CON INSALATA DI CAVOLO CROCCANTE CON RAVANELLI, MANGO E MENTA (VEDIRICETTA).

GLASSA AL BRANDY ALLA PESCA
- 1 cucchiaio di olio d'oliva
- ½ tazza di cipolla tritata
- 2 pesche fresche medie, tagliate a metà, snocciolate e tritate
- 2 cucchiai di cognac
- 1 tazza di salsa BBQ (vediRicetta)
- 8 cosce di pollo (da 2 a 2½ libbre in totale), senza pelle se lo si desidera

1. Per preparare la glassa, scaldare l'olio d'oliva in una casseruola media a fuoco medio. Aggiungi la cipolla; cuocere circa 5 minuti o fino a quando saranno teneri, mescolando di tanto in tanto. Aggiungi le pesche. Coprire e cuocere da 4 a 6 minuti o fino a quando le pesche saranno morbide, mescolando di tanto in tanto. Aggiungi il brandy; Cuocere senza coperchio per 2 minuti, mescolando di tanto in tanto. Qualcosa di interessante. Metti il composto di pesche in un frullatore o in un robot da cucina. Coprire e frullare o lavorare fino a ottenere un composto omogeneo. Aggiungi la salsa barbecue. Coprire e frullare o lavorare fino a ottenere un composto omogeneo. Aggiungi la salsa nella padella. Cuocere a fuoco medio fino a

quando non sarà completamente riscaldato. Mettere ¾ tazza di salsa in una piccola ciotola e spennellare il pollo. Tenere in caldo la salsa rimanente e servire con il pollo grigliato.

2. Su una griglia a carbone, disporre i carboni medio-caldi attorno a una leccarda. Controllare il fuoco medio sulla leccarda. Disporre le cosce di pollo sulla griglia sopra la leccarda. Coprire e grigliare per 40-50 minuti o fino a quando il pollo non sarà più rosa (175 °F), girandolo una volta a metà del tempo di cottura e spennellando con ¾ di tazza di glassa di brandy alla pesca durante gli ultimi 5-10 minuti di grigliatura. (Per una griglia a gas, preriscaldare la griglia. Ridurre il fuoco a medio. Regolare il calore sulla griglia indiretta. Posizionare le cosce di pollo sulla griglia, ma non troppo calde. Coprire e grigliare come indicato.)

POLLO MARINATO AL CILE CON INSALATA DI MANGO E MELONE

PREPARAZIONI:Raffreddamento/marinatura per 40 minuti: da 2 a 4 ore
Grigliatura: 50 minuti Resa: da 6 a 8 porzioni

UN ANCHO CHILE È UN POBLANO ESSICCATO– UN PEPERONCINO DAL COLORE VERDE INTENSO E BRILLANTE, DAL GUSTO INTENSAMENTE FRESCO. IL PEPERONCINO ANCHO HA UN SAPORE LEGGERMENTE FRUTTATO CON UN PIZZICO DI PRUGNA O UVA PASSA E UN PIZZICO DI AMAREZZA. I PEPERONCINI DEL NEW MEXICO POSSONO ESSERE MODERATAMENTE PICCANTI. SONO I PEPERONCINI ROSSO INTENSO CHE POSSONO ESSERE VISTI RACCOLTI E APPESI IN RISTRAS - COMPOSIZIONI COLORATE DI PEPERONCINI ESSICCATI - IN ALCUNE PARTI DEL SUD-OVEST.

POLLO
- 2 peperoncini secchi del New Mexico
- 2 peperoncini rossi secchi
- 1 dl di acqua bollente
- 3 cucchiai di olio d'oliva
- 1 cipolla dolce grande, sbucciata e affettata spessa
- 4 pomodori rom, senza semi
- 1 cucchiaio di aglio tritato finemente (6 spicchi)
- 2 cucchiaini di cumino macinato
- 1 cucchiaino di origano secco, tritato
- 16 cosce di pollo

INSALATA
- 2 tazze di melone a dadini
- 2 tazze di melone a dadini
- 2 tazze di mango a dadini
- ¼ tazza di succo di lime fresco
- 1 cucchiaino di peperoncino in polvere

½ cucchiaino di cumino macinato

¼ tazza di coriandolo fresco tritato

1. Per il pollo, rimuovi gambi e semi dai peperoncini secchi del New Mexico e dalle ancho. Scaldare una padella grande a fuoco medio-alto. Tostare i peperoncini nella padella per 1 o 2 minuti o finché non saranno fragranti e leggermente tostati. Metti i peperoncini arrostiti in una piccola ciotola; Aggiungi l'acqua bollente nella ciotola. Lasciare agire per almeno 10 minuti o fino al momento dell'uso.

2. Preriscaldare la griglia. Fodera una teglia con un foglio; Spennellate 1 cucchiaio di olio d'oliva sulla pellicola. Aggiungi le fette di cipolla e i pomodori nella padella. Grigliare a circa 4 pollici dal fuoco finché non si ammorbidisce e si carbonizza, circa 6-8 minuti. Scolare il peperoncino, conservando l'acqua.

3. Per preparare la marinata, unisci peperoncini, cipolle, pomodori, aglio, cumino e origano in un frullatore o in un robot da cucina. Coprire e ridurre in purea o lavorare fino a ottenere un composto omogeneo. Se necessario aggiungete acqua per portare la purea alla consistenza desiderata.

4. Metti il pollo in un grande sacchetto di plastica richiudibile in una ciotola poco profonda. Versare la marinata sul pollo nel sacchetto, ruotando il sacchetto in modo che sia ricoperto uniformemente. Marinare in frigorifero per 2-4 ore, girando di tanto in tanto il sacchetto.

5. Per preparare l'insalata, in una ciotola molto grande, unisci il melone, il melone, il mango, il succo di lime, i restanti 2 cucchiai di olio d'oliva, il peperoncino in polvere, il cumino e il coriandolo. Mescolare per ricoprire. Coprire e conservare in frigorifero per 1-4 ore.

6. Su una griglia a carbone, disporre i carboni medio-caldi attorno a una leccarda. Prova ad assicurarti che la padella sia a fuoco medio. Scolare il pollo e riservare la marinata. Posizionare il pollo sulla griglia sopra la leccarda. Spennellare generosamente il pollo con un po' della marinata tenuta da parte (eliminare quella in eccesso). Coprire e grigliare per 50 minuti o fino a quando il pollo non sarà più rosa (175 ° F), girandolo una volta a metà del tempo di cottura. (Per una griglia a gas, preriscaldare la griglia. Ridurre il fuoco a medio. Impostare sulla griglia indiretta. Procedere come indicato e posizionare il pollo sul fornello spento.) Servire le cosce di pollo con insalata.

COSCE DI POLLO IN STILE TANDOORI CON RAITA DI CETRIOLO

PREPARAZIONI:20 minuti Marinatura: da 2 a 24 ore Arrosto: 25 minuti
Per: 4 porzioni

IL RAITAN È FATTO CON ANACARDIPANNA, SUCCO DI LIMONE, MENTA, CORIANDOLO E CETRIOLO. FORNISCE UN CONTRAPPUNTO RINFRESCANTE AL POLLO CALDO E SPEZIATO.

POLLO
- 1 cipolla, tagliata a spicchi sottili
- 1 pezzo di zenzero fresco da 2 pollici, sbucciato e tagliato in quarti
- 4 spicchi d'aglio
- 3 cucchiai di olio d'oliva
- 2 cucchiai di succo di limone fresco
- 1 cucchiaino di cumino macinato
- 1 cucchiaino di curcuma macinata
- ½ cucchiaino di pimento macinato
- ½ cucchiaino di cannella in polvere
- ½ cucchiaino di pepe nero
- ¼ di cucchiaino di pepe di cayenna
- 8 cosce di pollo

CETRIOLO RAITA
- 1 tazza di crema di anacardi (vedi[Ricetta](Ricetta))
- 1 cucchiaio di succo di limone fresco
- 1 cucchiaio di menta fresca grattugiata
- 1 cucchiaio di coriandolo fresco tritato
- ½ cucchiaino di cumino macinato
- ⅛ cucchiaino di pepe nero
- 1 cetriolo medio, sbucciato, senza semi e tagliato a cubetti (1 tazza)
- Fette di limone

1. Unisci cipolla, zenzero, aglio, olio d'oliva, succo di limone, cumino, curcuma, pimento, cannella, pepe nero e pepe di cayenna in un frullatore o robot da cucina. Coprire e frullare o lavorare fino a ottenere un composto omogeneo.

2. Usando la punta di uno spelucchino, forare ciascuna coscia quattro o cinque volte. Metti le bacchette in un grande sacchetto di plastica richiudibile all'interno di una ciotola capiente. Aggiungi la miscela di cipolle; Passiamo al cappotto. Marinare in frigorifero per 2-24 ore, girando di tanto in tanto il sacchetto.

3. Preriscaldare la griglia. Rimuovi il pollo dalla marinata. Pulisci la marinata in eccesso dalle cosce con carta assorbente. Disporre le cosce sulla griglia di una griglia non riscaldata o su una teglia rivestita di alluminio. Arrostire per 15 minuti ad una distanza di 15-20 cm dalla fonte di calore. Capovolgi le bacchette; Arrostire per circa 10 minuti o fino a quando il pollo non sarà più rosa (175 ° F).

4. Per preparare la raita, unisci la crema di anacardi, il succo di limone, la menta, il coriandolo, il cumino e il pepe nero in una ciotola media. Mescolare delicatamente il cetriolo.

5. Servire il pollo con raita e spicchi di limone.

SPEZZATINO DI POLLO AL CURRY CON ORTAGGI A RADICE, ASPARAGI E SALSA DI MENTA E MELA VERDE

PREPARAZIONI: Cuocere per 30 minuti: Lasciare riposare per 35 minuti: Lasciare riposare per 5 minuti Per: 4 porzioni

- 2 cucchiai di olio di cocco raffinato o olio d'oliva
- 2 libbre di petti di pollo con osso, senza pelle se lo si desidera
- 1 dl di cipolla tritata
- 2 cucchiai di zenzero fresco grattugiato
- 2 cucchiai di aglio tritato finemente
- 2 cucchiai di curry in polvere senza sale
- 2 cucchiai di jalapeño con semi tritati finemente (vedi Mancia)
- 4 tazze di brodo di ossa di pollo (vedi Ricetta) o brodo di pollo senza sale aggiunto
- 2 patate dolci medie (circa 1 libbra), sbucciate e tritate
- 2 barbabietole medie (circa 6 once), sbucciate e tritate
- 1 dl di pomodoro senza semi e tagliato a dadini
- 8 once di asparagi, mondati e tagliati a pezzi da 1 pollice
- 1 lattina da 13,5 once di latte di cocco naturale (come Nature's Way)
- ½ tazza di coriandolo fresco tritato
- Condimento di mela e menta (vedi Ricetta, sotto)
- Spicchi di lime

1. Scaldare l'olio in un forno olandese da 6 litri a fuoco medio-alto. Friggere il pollo uniformemente in porzioni in olio bollente per circa 10 minuti. Trasferisci il pollo in un piatto; mettere da parte.

2. Regola la fiamma a una temperatura media. Aggiungi la cipolla, lo zenzero, l'aglio, il curry e il jalapeño nella pentola. Cuocere e mescolare fino a quando la cipolla sarà morbida, 5 minuti. Mescolare il brodo di ossa di pollo, la patata dolce, la rapa e il pomodoro. Rimetti i pezzi di pollo nella pentola e immergi il

pollo in quanto più liquido possibile. Ridurre la temperatura a medio bassa. Coprite e lasciate cuocere per 30 minuti, finché il pollo non sarà più rosa e le verdure saranno tenere. Mescolare gli asparagi, il latte di cocco e il coriandolo. Togliere dal fuoco. Lasciare agire per 5 minuti. Se necessario, ricavare il pollo dalle ossa e dividerlo equamente nelle ciotole. Servire con salsa di mela e menta e spicchi di lime.

Gusto di mela e menta: frullare ½ tazza di scaglie di cocco non zuccherate in un robot da cucina fino ad ottenere una consistenza polverosa. Aggiungere 1 tazza di foglie di coriandolo fresco e cuocere a vapore; 1 tazza di foglie di menta fresca; 1 mela Granny Smith, senza torsolo e tritata; 2 cucchiaini di jalapeño con semi tritato finemente (vedi Mancia); e 1 cucchiaio di succo di lime fresco. Frullare fino a macinare finemente.

INSALATA PAILLARD DI POLLO ALLA GRIGLIA CON LAMPONI, BARBABIETOLE E MANDORLE TOSTATE

PREPARAZIONI: 30 minuti Arrosto: 45 minuti Marinatura: 15 minuti Grigliatura: 8 minuti Resa: 4 porzioni

½ tazza di mandorle intere
1½ cucchiaino di olio d'oliva
1 barbabietola media
1 barbabietola dorata media
2 metà di petto di pollo disossate e senza pelle da 6 a 8 once
2 dl di lamponi freschi o congelati, scongelati
3 cucchiai di aceto di vino bianco o rosso
2 cucchiai di dragoncello fresco grattugiato
1 cucchiaio di scalogno tritato finemente
1 cucchiaino di senape di Digione (vedi Ricetta)
¼ tazza di olio d'oliva
Pepe nero
8 dl di insalata primaverile

1. Per le mandorle preriscaldare il forno a 200°C. Distribuire le mandorle su una teglia da forno e versare ½ cucchiaino di olio d'oliva. Cuocere per circa 5 minuti o fino a quando saranno fragranti e dorati. Lasciare raffreddare. (Le mandorle possono essere tostate 2 giorni prima e conservate in un contenitore ermetico.)

2. Per le barbabietole, posizionare ciascuna barbabietola su un pezzetto di carta stagnola e condire con ½ cucchiaino di olio d'oliva. Avvolgere la pellicola attorno alle barbabietole e adagiarle su una teglia o in una pirofila. Arrostire le barbabietole in forno a 200°C (400°F) per 40-50 minuti o finché saranno tenere quando vengono forate con un coltello.

Togliere dal forno e lasciare riposare fino a quando non sarà abbastanza freddo da poter essere maneggiato. Togliere la pelle con un coltello da cucina. Tagliare le barbabietole a spicchi e mettere da parte. (Non mescolare troppo le barbabietole per evitare che diventino dorate. Le barbabietole possono essere arrostite e refrigerate con un giorno di anticipo. Lasciare che raggiungano la temperatura ambiente prima di servire.)

3. Per il pollo, tagliare ciascun petto di pollo a metà orizzontalmente. Metti ogni pezzo di pollo tra due pezzi di pellicola trasparente. Usando un batticarne, battete delicatamente fino ad ottenere un composto spesso circa ¾ di pollice. Metti il pollo in una ciotola poco profonda e mettilo da parte.

4. Per preparare la vinaigrette, schiacciare leggermente ¾ tazza di lamponi in una ciotola capiente con una frusta (conservare i lamponi rimanenti per l'insalata). Aggiungi aceto, dragoncello, scalogno e senape di Digione; Sbattere per combinare. Aggiungere ¼ di tazza di olio d'oliva a filo e mescolare bene. Versare 1/2 tazza di vinaigrette sul pollo. Girare il pollo (conservare la vinaigrette rimanente per l'insalata). Marinare il pollo a temperatura ambiente per 15 minuti. Togliere il pollo dalla marinata e spolverare con pepe; Scartare la marinata rimanente nella ciotola.

5. Per una griglia a carbone o a gas, posiziona il pollo su una griglia direttamente a fuoco medio. Coprire e grigliare per 8-10 minuti o fino a quando il pollo non sarà più rosa, girandolo una volta a metà del tempo di cottura. (Il pollo può essere cotto anche sul fornello.)

6. Unisci la lattuga, le barbabietole e le restanti 1 tazza e ¼ di lamponi in una ciotola capiente. Versare la vinaigrette messa da

parte sull'insalata; Mescolare delicatamente per ricoprire. Dividere l'insalata in quattro piatti da portata; Metti sopra ognuno un pezzo di petto di pollo grigliato. Tritare grossolanamente le mandorle tostate e cospargerle su tutto. Servire immediatamente.

PETTO DI POLLO RIPIENO DI CIME DI RAPA CON SALSA DI POMODORO FRESCO E INSALATA CAESAR

PREPARAZIONI: 40 minuti Tempo di cottura: 25 minuti resa: 6 porzioni

- 3 cucchiai di olio d'oliva
- 2 cucchiaini di aglio tritato finemente
- ¼ cucchiaino di peperoncino tritato
- 1 libbra di broccoli raab, puliti e tritati
- ½ tazza di uvetta dorata non solforata
- ½ tazza d'acqua
- 4 metà di petto di pollo senza pelle e disossate da 5 a 6 once
- 1 dl di cipolla tritata
- 3 dl di pomodorini a pezzetti
- ¼ tazza di basilico fresco tritato
- 2 cucchiaini di aceto di vino rosso
- 3 cucchiai di succo di limone fresco
- 2 cucchiai di Paleo Mayo (vedi Ricetta)
- 2 cucchiaini di senape di Digione (vedi Ricetta)
- 1 cucchiaino di aglio tritato finemente
- ½ cucchiaino di pepe nero
- ¼ tazza di olio d'oliva
- 10 dl di lattuga romana tritata

1. Scaldare 1 cucchiaio di olio d'oliva in una padella capiente a fuoco medio-alto. Aggiungere l'aglio e il peperoncino tritato; cuocere e mescolare fino a quando non diventa fragrante, 30 secondi. Aggiungere i broccoli tritati, l'uvetta e ½ tazza d'acqua. Coprire e cuocere per circa 8 minuti o fino a quando i broccoli raab saranno appassiti e teneri. Togliere il coperchio dalla padella. lasciare evaporare l'acqua in eccesso. Mettere da parte.

2. Per gli involtini, tagliare ogni petto di pollo a metà nel senso della lunghezza; Posiziona ogni pezzo tra due pezzi di pellicola trasparente. Usando il lato piatto di un batticarne, battere leggermente il pollo fino a ottenere uno spessore di circa ¼ di pollice. Per ogni rotolo, posizionare circa ¼ di tazza della miscela di broccoli raab su una delle estremità corte; Arrotolare e ripiegare ai lati per racchiudere completamente il ripieno. (I rollard possono essere preparati fino a 1 giorno prima e conservati in frigorifero fino al momento della cottura.)

3. Scaldare 1 cucchiaio di olio d'oliva in una padella capiente a fuoco medio-alto. Metti i rotoli all'interno e cuci i lati verso il basso. Cuocere fino a doratura su tutti i lati, circa 8 minuti, girando due o tre volte. Disporre gli involtini su un piatto da portata.

4. Per preparare la salsa, scalda 1 cucchiaio dell'olio d'oliva rimasto nella padella a fuoco medio. Aggiungere la cipolla; cuocere per circa 5 minuti o finché non diventa traslucido. Mescolare i pomodori e il basilico. Metti gli involtini sopra la salsa nella padella. Portare a ebollizione a fuoco medio-alto; Ridurre il calore. Coprire e cuocere a fuoco lento fino a quando i pomodori iniziano a rompersi ma mantengono ancora la loro forma e gli involtini vengono riscaldati, circa 5 minuti.

5. Per preparare il condimento, mescolare insieme il succo di limone, la maionese Paleo, la senape di Digione, l'aglio e il pepe nero in una piccola ciotola. Irrorare con ¼ di tazza di olio d'oliva e mescolare fino a quando non sarà emulsionato. Mescolare il condimento con la lattuga romana tritata in una ciotola capiente. Per servire, dividere la romaine in sei piatti da portata. Tagliare gli involtini e aggiungere la lattuga romana; Condire con salsa di pomodoro.

WRAP DI SHAWARMA DI POLLO ALLA GRIGLIA CON VERDURE CONDITE E SALSA DI PINOLI

PREPARAZIONI: Marinare per 20 minuti: Grigliare per 30 minuti: 10 minuti Per realizzare: 8 impacchi (4 porzioni)

Mezzo chilo e mezzo di petto di pollo senza pelle e disossato, tagliato in pezzi da 2 pollici
5 cucchiai di olio d'oliva
2 cucchiai di succo di limone fresco
1¾ cucchiaini di cumino macinato
1 cucchiaino di aglio tritato finemente
1 cucchiaino di paprica
½ cucchiaino di curry in polvere
½ cucchiaino di cannella in polvere
¼ di cucchiaino di pepe di cayenna
1 zucchina media, tagliata a metà
Tagliare 1 piccola melanzana a fette da ½ pollice
1 peperone giallo grande, tagliato a metà e senza semi
1 cipolla rossa media, tagliata in quarti
8 pomodorini
8 grandi foglie di lattuga al burro
Condimento a base di pinoli tostati (vedi<u>Ricetta</u>)
Fette di limone

1. Per preparare la marinata, mescolare in una piccola ciotola 3 cucchiai di olio d'oliva, succo di limone, 1 cucchiaino di cumino, aglio, ½ cucchiaino di paprika, curry in polvere, ¼ di cucchiaino di cannella e pepe di cayenna. Metti i pezzi di pollo in un grande sacchetto di plastica richiudibile in una ciotola poco profonda. Versare la marinata sul pollo. sigillare sacchetti; Trasforma la

borsa in un cappotto. Marinare in frigorifero per 30 minuti, girando di tanto in tanto la busta.

2. Togliere il pollo dalla marinata; Scartare la marinata. Infilare il pollo in quattro lunghi spiedini.

3. Disporre le zucchine, le melanzane, i peperoni e la cipolla su un piatto. Irrorare 2 cucchiai di olio d'oliva sopra. Cospargere con ¾ cucchiaino rimanente di cumino, ½ cucchiaino rimanente di paprika e ¼ cucchiaino rimanente di cannella; Strofinare leggermente sulle verdure. Infilare i pomodori su due spiedini.

3. Per una griglia a carbone o a gas, posizionare gli spiedini di pollo e pomodoro e le verdure su una griglia a fuoco medio. Coprire e grigliare fino a quando il pollo non sarà più rosa e le verdure saranno leggermente carbonizzate e croccanti, girando una volta. Attendi 10-12 minuti per il pollo, 8-10 minuti per le verdure e 4 minuti per i pomodori.

4. Rimuovi il pollo dallo spiedo. Tagliate a dadini il pollo e a pezzetti le zucchine, le melanzane e i peperoni. Togliete i pomodori dallo spiedo (non tritateli). Disporre il pollo e le verdure su un piatto. Per servire, metti un po' di pollo e verdure su una foglia di lattuga; Condire con salsa di pinoli tostati. Servire con spicchi di limone.

PETTO DI POLLO BRASATO AL FORNO CON FUNGHI, PUREA DI CAVOLFIORE ALL'AGLIO E ASPARAGI ARROSTITI

DALL'INIZIO ALLA FINE: In 50 minuti si ottengono: 4 porzioni

4 metà di petto di pollo senza pelle da 10 a 12 once
3 dl di funghi bianchi piccoli
1 dl di porro o cipolla gialla affettato sottile
2 tazze di brodo di ossa di pollo (vedi<u>Ricetta</u>) o brodo di pollo senza sale aggiunto
1 dl di vino bianco secco
1 grosso mazzo di timo fresco
Pepe nero
Aceto di vino bianco (facoltativo)
1 testa di cavolfiore, divisa in cimette
12 spicchi d'aglio, sbucciati
2 cucchiai di olio d'oliva
Pepe bianco o di cayenna
1 libbra di asparagi, puliti
2 cucchiaini di olio d'oliva

1. Preriscaldare il forno a 400 ° F. Disporre i petti di pollo in una teglia rettangolare da 3 litri; Completare con funghi e porri. Versare il brodo di ossa di pollo e il vino sul pollo e sulle verdure. Spolverare con timo e spolverare con pepe nero. Coprire il modulo con un foglio.

2. Cuocere per 35-40 minuti o finché un termometro a lettura istantanea inserito nel pollo non registra 170°F. Rimuovere ed eliminare i rametti di timo. Se necessario, condire il liquido della brasatura con un goccio di aceto prima di servire.

2. Nel frattempo, in una pentola capiente, cuocere il cavolfiore e l'aglio in abbondante acqua bollente fino a quando saranno

molto morbidi, circa 10 minuti. Scolare il cavolfiore e l'aglio, conservando 2 cucchiai del liquido di cottura. Metti il cavolfiore e il liquido di cottura rimanente in un robot da cucina o in una ciotola capiente. Frullare fino ad ottenere un composto omogeneo* o schiacciare con lo schiacciapatate; Mescolare 2 cucchiai di olio d'oliva e condire con pepe bianco. Tenere in caldo fino al momento di servire.

3. Disporre gli asparagi in un unico strato su una teglia. Irrorare 2 cucchiaini di olio d'oliva sopra e mescolare. Spolverare con pepe nero. Cuocere in forno a 200°C per circa 8 minuti finché diventano croccanti, mescolando una volta.

4. Dividere la purea di cavolfiore in sei ciotole. Completare con pollo, funghi e porri. Versare un po' del liquido brasante sopra; Servire con asparagi arrostiti.

*Nota: se usi un robot da cucina, fai attenzione a non lavorarlo troppo, altrimenti il cavolfiore risulterà troppo sottile.

ZUPPA DI POLLO TAILANDESE

PREPARAZIONI: 30 minuti Congelamento: 20 minuti Cottura: 50 minuti
Per: da 4 a 6 porzioni

IL TAMARINDO È UN FRUTTO MUSCHIATO E ASPRO UTILIZZATO NELLA CUCINA INDIANA, TAILANDESE E MESSICANA. MOLTE PASTE DI TAMARINDO PRODOTTE IN COMMERCIO CONTENGONO ZUCCHERO: ASSICURATI DI ACQUISTARNE UNA CHE NON CONTENGA ZUCCHERO. LE FOGLIE DI LIME KAFFIR SONO DISPONIBILI FRESCHE, CONGELATE ED ESSICCATE NELLA MAGGIOR PARTE DEI MERCATI ASIATICI. SE NON RIESCI A TROVARLI, SOSTITUISCI LE FOGLIE CON 1 CUCCHIAINO E MEZZO DI SCORZA DI LIME TRITATA.

- 2 gambi di citronella, tritati
- 2 cucchiai di olio di cocco non raffinato
- ½ dl di cipollotti affettati sottili
- 3 spicchi d'aglio grandi, tagliati a fettine sottili
- 8 tazze di brodo di ossa di pollo (vedi Ricetta) o brodo di pollo senza sale aggiunto
- ¼ di tazza di pasta di tamarindo senza zuccheri aggiunti (ad es. marca Tamicon)
- 2 cucchiai di fiocchi di nori
- 3 peperoncini tailandesi freschi, affettati sottili e con i semi intatti (vedi Mancia)
- 3 foglie di lime kaffir
- 1 pezzo di zenzero da 3 pollici, tagliato a fettine sottili
- 4 metà di petto di pollo senza pelle e disossate da 6 once
- 1 lattina da 14,5 once senza sale aggiunto pomodori a cubetti arrostiti al fuoco, non sgocciolati
- 6 once di lance sottili di asparagi, mondate e affettate sottilmente in diagonale in pezzi da ½ pollice
- ½ tazza di foglie di basilico tailandese confezionate (vedi Nota)

1. Usando il dorso di un coltello ed esercitando una pressione decisa, soffia via i gambi della citronella. Tritare finemente i gambi danneggiati.

2. Scaldare l'olio di cocco in un forno olandese a fuoco medio. Aggiungi citronella e scalogno; Cuocere per 8-10 minuti, mescolando spesso. Aggiungi l'aglio; cuocere e mescolare fino a quando sarà fortemente profumato, da 2 a 3 minuti.

3. Aggiungi il brodo di ossa di pollo, la pasta di tamarindo, i fiocchi di nori, il peperoncino, le foglie di lime e lo zenzero. Cucinare; Ridurre il calore. Coprire e cuocere a fuoco lento per 40 minuti.

4. Nel frattempo, congela il pollo finché non diventa sodo, da 20 a 30 minuti. Tagliare il pollo a fettine sottili.

5. Filtra la zuppa attraverso un colino a maglia fine in una pentola capiente, premendo con il dorso di un cucchiaio grande per estrarre i sapori. Scartare il materiale solido. Cuocere la zuppa. Incorporare il pollo, i pomodori non sgocciolati, gli asparagi e il basilico. Ridurre il calore; Cuocere a fuoco lento scoperto per 2 o 3 minuti o fino a quando il pollo sarà cotto. Servire immediatamente.

POLLO ARROSTO AL LIMONE E SALVIA CON INDIVIA

PREPARAZIONI:Arrostire per 15 minuti: Lasciare riposare per 55 minuti: 5 minuti Per: 4 porzioni

LE FETTE DI LIMONE E LA FOGLIA DI SALVIAPOSTO SOTTO LA PELLE DEL POLLO, AGGIUNGE SAPORE ALLA CARNE DURANTE LA COTTURA E, DIETRO LA PELLE CROCCANTE E OPACA, CREA UN DISEGNO ACCATTIVANTE UNA VOLTA SFORNATA.

- 4 metà di petto di pollo con osso (con pelle)
- 1 limone, affettato molto sottilmente
- 4 foglie grandi di salvia
- 2 cucchiaini di olio d'oliva
- 2 cucchiaini di spezie mediterranee (vedi<u>Ricetta</u>)
- ½ cucchiaino di pepe nero
- 2 cucchiai di olio extra vergine di oliva
- 2 scalogni, affettati
- 2 spicchi d'aglio, tritati
- 4 cespi di indivia tagliati a metà nel senso della lunghezza

1. Preriscaldare il forno a 400 ° F. Utilizzando un coltello da cucina, rimuovere con molta attenzione la pelle da ciascuna metà del seno, lasciandola da parte. Disporre sulla polpa di ciascun petto 2 fette di limone e 1 foglia di salvia. Riporta delicatamente la pelle in posizione, esercitando una leggera pressione per fissarla in posizione.

2. Metti il pollo in una teglia bassa. Spennellare il pollo con 2 cucchiaini di olio d'oliva; Cospargere con condimento mediterraneo e ¼ di cucchiaino di paprika. Arrostire, scoperto, per circa 55 minuti o fino a quando la pelle diventa dorata e croccante e un termometro a lettura istantanea inserito nel

pollo registra 170 ° F. Lascia riposare il pollo per 10 minuti prima di servire.

3. Nel frattempo, scalda 2 cucchiai di olio d'oliva in una padella capiente a fuoco medio-alto. Aggiungi lo scalogno; cuocere circa 2 minuti o fino a quando non diventa traslucido. Cospargere l'indivia con il restante ¼ di cucchiaino di pepe. Aggiungi l'aglio nella padella. Disporre nella padella l'indivia con la parte tagliata rivolta verso il basso. Cuocere per circa 5 minuti o finché non saranno colorati. Girare con attenzione l'indivia. cuocere altri 2 o 3 minuti o fino a quando saranno teneri. Servire con pollo.

POLLO CON CIPOLLINE, CRESCIONE E RAVANELLI

PREPARAZIONI:20 minuti Cottura: 8 minuti Cottura: 30 minuti Resa: 4 porzioni

ANCHE SE PUÒ SEMBRARE STRANO CUCINARE I RAVANELLI,QUI SONO APPENA COTTI, QUANTO BASTA PER STEMPERARE IL LORO MORSO PEPATO E RENDERLI UN PO' TENERI.

3 cucchiai di olio d'oliva
4 metà di petto di pollo con osso da 10 a 12 once (con la pelle)
1 cucchiaio di condimento alle erbe di limone (vedi Ricetta)
¾ tazza di cipolle verdi affettate
6 ravanelli, tagliati a fettine sottili
¼ cucchiaino di pepe nero
½ tazza di vermouth bianco secco o vino bianco secco
⅓ tazza di crema di anacardi (vedi Ricetta)
1 mazzetto di crescione, i gambi tagliati, tritati grossolanamente
1 cucchiaio di aneto fresco tritato

1. Preriscaldare il forno a 180°C. Scaldare l'olio d'oliva in una padella capiente a fuoco medio-alto. Asciugare il pollo con un tovagliolo di carta. Arrostire il pollo, con la pelle rivolta verso il basso, per 4-5 minuti o fino a quando la pelle diventa dorata e croccante. Capovolgi il pollo; cuocere per circa 4 minuti o finché non diventa colorato. Metti il pollo, con la pelle rivolta verso l'alto, in una teglia bassa. Cospargere il pollo con il condimento alle erbe e limone. Cuocere per circa 30 minuti o fino a quando un termometro a lettura istantanea inserito nel pollo non registra 170 ° F.

2. Nel frattempo, versare tutto il sugo dalla padella tranne un cucchiaio; Rimetti la padella sul fornello. Aggiungi cipolle verdi

e ravanelli; Cuocere per circa 3 minuti o finché gli scalogni non appassiscono. Spolverare con pepe. Aggiungi il vermouth e mescola per raschiare i pezzetti dorati. Cucinare; cuocere fino a quando ridotto e leggermente addensato. Incorporare la crema di anacardi; Cucinare. Togliere la padella dal fuoco. Aggiungere il crescione e l'aneto e mescolare delicatamente finché il crescione non appassisce. Mescolare il succo di pollo che si è accumulato nella teglia.

3. Dividere il composto di scalogno in quattro piatti da portata; Completare con il pollo.

POLLO TIKKA MASALA

PREPARAZIONI:30 minuti Marinatura: da 4 a 6 ore Cottura: 15 minuti Arrosto: 8 minuti Quantità: 4 porzioni

QUESTO È STATO ISPIRATO DA UN PIATTO INDIANO MOLTO POPOLARECHE POTREBBE NON AVER AVUTO ORIGINE IN INDIA, MA IN UN RISTORANTE INDIANO NEL REGNO UNITO. NEL TRADIZIONALE POLLO TIKKA MASALA, IL POLLO VIENE MARINATO NELLO YOGURT E POI COTTO IN UNA SALSA DI POMODORO PICCANTE CON PANNA. POICHÉ NON SONO PRESENTI LATTICINI CHE DILUISCONO IL SAPORE DELLA SALSA, QUESTA VERSIONE RISULTA PARTICOLARMENTE PULITA. AL POSTO DEL RISO, VIENE SERVITO SU CROCCANTI SPAGHETTI DI ZUCCHINE.

- 1½ libbre di cosce di pollo senza pelle e disossate o metà di petto di pollo
- ¾ tazza di latte di cocco naturale (come Nature's Way)
- 6 spicchi d'aglio, tritati
- 1 cucchiaio di zenzero fresco grattugiato
- 1 cucchiaino di coriandolo macinato
- 1 cucchiaino di paprica
- 1 cucchiaino di cumino macinato
- ¼ di cucchiaino di cardamomo macinato
- 4 cucchiai di olio di cocco raffinato
- 1 tazza di carote tritate
- 1 sedano a fette sottili
- ½ tazza di cipolla tritata
- 2 peperoncini jalapeño o serrano, senza semi (se lo si desidera) e tritati finemente (vediMancia)
- 1 lattina da 14,5 once senza sale aggiunto pomodori a cubetti arrostiti al fuoco, non sgocciolati
- 1 lattina da 8 once senza aggiunta di sale di salsa di pomodoro

1 cucchiaino di garam masala senza sale aggiunto
3 zucchine medie
½ cucchiaino di pepe nero
Foglie di coriandolo fresco

1. Se usi le cosce di pollo, taglia ciascuna coscia in tre pezzi. Se usi le metà del petto di pollo, taglia ciascuna metà del petto in pezzi da 2 pollici e taglia le parti spesse a metà orizzontalmente per renderle più sottili. Metti il pollo in un grande sacchetto di plastica richiudibile. mettere da parte. Per preparare la marinata, unisci ½ tazza di latte di cocco, aglio, zenzero, coriandolo, paprika, cumino e cardamomo in una piccola ciotola. Versare la marinata sul pollo nel sacchetto. Sigilla il sacchetto e gira il pollo. Metti la busta in una ciotola media. Marinare in frigorifero per 4-6 ore, girando di tanto in tanto il sacchetto.

2. Preriscaldare la griglia. Scaldare 2 cucchiai di olio di cocco in una padella capiente a fuoco medio-alto. Aggiungi carote, sedano e cipolle; Cuocere da 6 a 8 minuti o fino a quando le verdure saranno tenere, mescolando di tanto in tanto. Aggiungi jalapeños; cuocere e mescolare per 1 altro minuto. Aggiungere i pomodorini sgocciolati e la salsa di pomodoro. Cucinare; Ridurre il calore. Cuocere a fuoco lento, senza coperchio, per circa 5 minuti o fino a quando la salsa si sarà leggermente addensata.

3. Scolare il pollo ed eliminare la marinata. Disporre i pezzi di pollo in un unico strato sulla griglia non riscaldata di una griglia. Grigliare a 5-6 pollici dal fuoco per 8-10 minuti o fino a quando il pollo non sarà più rosa, girandolo una volta a metà cottura. Aggiungi i pezzi di pollo cotti e il rimanente ¼ di tazza di latte di cocco al composto di pomodoro nella padella. Cuocere da 1 a

2 minuti o fino a quando non sarà completamente riscaldato. Togliere dal fuoco; Mescolare il garam masala.

4. Taglia le estremità delle zucchine. Utilizzando un taglia-julienne, tagliate le zucchine a listarelle lunghe e sottili. Scaldare i restanti 2 cucchiai di olio di cocco in una padella molto grande a fuoco medio-alto. Aggiungere le strisce di zucchine e pepe nero. Cuocere e mescolare per 2 o 3 minuti o fino a quando le zucchine saranno croccanti.

5. Per servire, dividere le zucchine in quattro piatti da portata. Completare con il composto di pollo. Decorare con foglie di coriandolo.

COSCE DI POLLO RAS EL HANOUT

PREPARAZIONI: 20 minuti tempo di cottura: 40 minuti resa: 4 porzioni

RAS EL HANOUT È UN COMPLESSOED ESOTICA MISCELA DI SPEZIE MAROCCHINE. LA FRASE SIGNIFICA "CAPO DEL NEGOZIO" IN ARABO E SIGNIFICA CHE SI TRATTA DI UNA MISCELA UNICA DELLE MIGLIORI SPEZIE CHE IL VENDITORE DI SPEZIE HA DA OFFRIRE. NON ESISTE UNA RICETTA FISSA PER RAS EL HANOUT, MA SPESSO INCLUDE UNA MISCELA DI ZENZERO, ANICE, CANNELLA, NOCE MOSCATA, PEPE IN GRANI, CHIODI DI GAROFANO, CARDAMOMO, FIORI SECCHI (COME LAVANDA E ROSA), NIGELLA, NOCE MOSCATA, GALANGA E CURCUMA.

- 1 cucchiaio di cumino macinato
- 2 cucchiaini di zenzero macinato
- 1 cucchiaino e mezzo di pepe nero
- 1 cucchiaino e mezzo di cannella in polvere
- 1 cucchiaino di coriandolo macinato
- 1 cucchiaino di pepe di cayenna
- 1 cucchiaino di pimento macinato
- ½ cucchiaino di chiodi di garofano macinati
- ¼ cucchiaino di noce moscata macinata
- 1 cucchiaino di pistilli di zafferano (facoltativo)
- 4 cucchiai di olio di cocco non raffinato
- 8 cosce di pollo con osso
- 1 confezione da 8 once di funghi freschi, affettati
- 1 dl di cipolla tritata
- 1 tazza di peperone rosso, giallo o verde tritato (1 grande)
- 4 pomodori Roma, privati del torsolo, dei semi e tritati
- 4 spicchi d'aglio, tritati
- 2 lattine da 13,5 once di latte di cocco naturale (come Nature's Way)
- 3-4 cucchiai di succo di lime fresco

¼ di tazza di coriandolo fresco tritato finemente

1. Per preparare il Ras el Hanout, unisci cumino, zenzero, pepe nero, cannella, coriandolo, pepe di Caienna, pimento, chiodi di garofano, noce moscata e, se lo desideri, zafferano in un mortaio medio o una piccola ciotola. Macinare con un pestello o mescolare con un cucchiaio per ottenere un buon composto. Mettere da parte.

2. Scaldare 2 cucchiai di olio di cocco in una padella molto grande a fuoco medio. Cospargere le cosce di pollo con 1 cucchiaio di Ras el Hanout. Aggiungi il pollo alla padella; Cuocere per 5-6 minuti o fino a doratura, girando una volta a metà cottura. Togliere il pollo dalla padella. tenere caldo.

3. Scaldare i restanti 2 cucchiai di olio di cocco nella stessa padella a fuoco medio-alto. Aggiungere funghi, cipolle, peperoni, pomodori e aglio. Cuocere e mescolare per circa 5 minuti o fino a quando le verdure saranno tenere. Incorporare il latte di cocco, il succo di lime e 1 cucchiaio di Ras el Hanout. Aggiungi nuovamente il pollo nella padella. Cucinare; Ridurre il calore. Coprire e cuocere a fuoco lento per circa 30 minuti o fino a quando il pollo sarà tenero (175 ° F).

4. Servire il pollo, le verdure e la salsa nelle ciotole. Guarnire con coriandolo.

Nota: conservare il Ras el Hanout avanzato in un contenitore coperto per un massimo di 1 mese.

COSCE DI POLLO ADOBO ALLA STAR FRUIT SU SPINACI BRASATI

PREPARAZIONI:40 minuti Marinatura: da 4 a 8 ore Cottura: 45 minuti
Per: 4 porzioni

ASCIUGARE IL POLLO SE NECESSARIODOPO AVERLE TOLTE DALLA MARINATA, ASCIUGATELE CON CARTA ASSORBENTE E FATELE ROSOLARE IN PADELLA. QUALSIASI LIQUIDO RIMASTO SULLA CARNE VERRÀ SPRUZZATO NELL'OLIO CALDO.

- 8 cosce di pollo con osso (da 1½ a 2 libbre), senza pelle
- ¾ di tazza di aceto di sidro di mele o bianco
- ¾ tazza di succo d'arancia fresco
- ½ tazza d'acqua
- ¼ tazza di cipolla tritata
- ¼ tazza di coriandolo fresco tritato
- 4 spicchi d'aglio, tritati
- ½ cucchiaino di pepe nero
- 1 cucchiaio di olio d'oliva
- 1 frutto stella (carambola), affettato
- 1 tazza di brodo di ossa di pollo (vedi<u>Ricetta</u>) o brodo di pollo senza sale aggiunto
- 2 confezioni da 9 once di foglie di spinaci fresche
- Foglie di coriandolo fresco (facoltativo)

1. Metti il pollo in un forno olandese in acciaio inossidabile o smaltato. mettere da parte. In una ciotola media, unisci aceto, succo d'arancia, acqua, cipolla, ¼ di tazza di coriandolo tritato, aglio e pepe; versare sopra il pollo. Coprire e marinare in frigorifero per 4-8 ore.

2. Porta a ebollizione il composto di pollo nel forno olandese a fuoco medio-alto. Ridurre il calore. Coprire e cuocere a fuoco lento

fino a quando il pollo non sarà più rosa (175 ° F), da 35 a 40 minuti.

3. Scaldare l'olio in una padella molto grande a fuoco medio. Usando le pinze, togli il pollo dal forno olandese e scuotilo delicatamente per far scolare il liquido di cottura. Conservare il liquido di cottura. Rosolare il pollo su tutti i lati, girandolo spesso per garantire un colore uniforme.

4. Nel frattempo filtrate il liquido di cottura della salsa; Ritorna al forno olandese. Cucinare. Cuocere per circa 4 minuti per ridurre la quantità e addensare leggermente. Aggiungi la carambola; lasciate cuocere ancora 1 minuto. Riporta il pollo nella salsa nella pentola di coccio. Togliere dal fuoco; coprire per stare al caldo.

5. Pulisci la padella. Versare il brodo di ossa di pollo nella padella. Portare a ebollizione a fuoco medio-alto; Mescolare gli spinaci. Ridurre il calore; Cuocere a fuoco lento per 1 o 2 minuti o finché gli spinaci non saranno appena appassiti, mescolando continuamente. Usando una schiumarola, trasferisci gli spinaci in una ciotola da portata. Completare con pollo e salsa. Se lo si desidera, cospargere con foglie di coriandolo.

TACOS DI CAVOLO POBLANO CON POLLO E MAIONESE AL CHIPOTLE

PREPARAZIONI:25 minuti cottura: 40 minuti resa: 4 porzioni

SERVI QUESTI TACOS DISORDINATI MA DELIZIOSIUSA UNA FORCHETTA PER RACCOGLIERE IL RIPIENO CHE CADE DALLA FOGLIA DI CAVOLO MENTRE LA MANGI.

- 1 cucchiaio di olio d'oliva
- 2 peperoncini poblano, senza semi (se lo si desidera) e tritati (vedi Mancia)
- ½ tazza di cipolla tritata
- 3 spicchi d'aglio, tritati
- 1 cucchiaio di peperoncino in polvere senza sale
- 2 cucchiaini di cumino macinato
- ½ cucchiaino di pepe nero
- 1 lattina da 8 once senza aggiunta di sale di salsa di pomodoro
- ¾ tazza di brodo di ossa di pollo (vedi Ricetta) o brodo di pollo senza sale aggiunto
- 1 cucchiaino di origano messicano essiccato, tritato
- Da 1 a 1½ libbre di cosce di pollo senza pelle e disossate
- Da 10 a 12 foglie di cavolo medio-grandi
- Chipotle Paleo Mayo (vedi Ricetta)

1. Preriscaldare il forno a 180°C. Scaldare l'olio in una padella larga resistente al forno a fuoco medio-alto. Aggiungi peperoncini poblano, cipolle e aglio; cuocere e mescolare per 2 minuti. Mescolare il peperoncino in polvere, il cumino e il pepe nero; Cuocere e mescolare per un altro minuto (abbassare la fiamma se necessario per evitare che le spezie brucino).

2. Aggiungi la salsa di pomodoro, il brodo di ossa di pollo e l'origano nella padella. Cucinare. Metti con cura le cosce di pollo nel composto di pomodoro. Coprire la padella con un coperchio.

Cuocere in forno per circa 40 minuti o fino a quando il pollo sarà tenero (175 ° F), girando il pollo una volta a metà cottura.

3. Togliere il pollo dalla padella; Lasciare raffreddare leggermente. Usando due forchette, spezzettate il pollo in bocconcini. Mescolare il pollo tagliuzzato nel composto di pomodoro nella padella.

4. Per servire, versare il composto di pollo nelle foglie di cavolo; Completare con Chipotle Paleo Mayo.

SPEZZATINO DI POLLO CON CAROTINE E CAVOLO CINESE

PREPARAZIONI:Cuocere per 15 minuti: Lasciare riposare per 24 minuti: 2 minuti Per: 4 porzioni

IL BABY BOK CHOY È MOLTO SENSIBILEE SI CUOCE IN UN ATTIMO. PER MANTENERLO CROCCANTE E FRESCO, NON APPASSITO E PASTOSO, ASSICURATI DI CUOCERLO A VAPORE NELLA PENTOLA CALDA COPERTA (TOGLIERE DAL FUOCO) PER NON PIÙ DI 2 MINUTI PRIMA DI SERVIRE LA PENTOLA.

- 2 cucchiai di olio d'oliva
- 1 porro, a fette (parti bianche e verde chiaro)
- 4 tazze di brodo di ossa di pollo (vedi Ricetta) o brodo di pollo senza sale aggiunto
- 1 dl di vino bianco secco
- 1 cucchiaio di senape di Digione (vedi Ricetta)
- ½ cucchiaino di pepe nero
- 1 rametto di timo fresco
- 1¼ libbre di cosce di pollo senza pelle e disossate, tagliate a pezzi da 1 pollice
- 8 once di carote baby ricoperte, sbucciate, tagliate e tagliate a metà nel senso della lunghezza, o 2 carote medie, affettate
- 2 cucchiaini di scorza di limone tritata finemente (mettere da parte)
- 1 cucchiaio di succo di limone fresco
- 2 teste di cavolo cinese
- ½ cucchiaino di timo fresco tritato

1. Scaldare 1 cucchiaio di olio d'oliva in una pentola capiente a fuoco medio. Cuocere i porri in olio bollente per 3-4 minuti o fino ad appassimento. Aggiungi il brodo di ossa di pollo, il vino, la senape di Digione, ¼ di cucchiaino di paprika e un rametto di timo. Cucinare; Ridurre il calore. Cuocere per 10-12 minuti o

fino a quando il liquido si sarà ridotto di circa un terzo. Scartare il rametto di timo.

2. Nel frattempo, scalda 1 cucchiaio di olio d'oliva rimanente in un forno olandese a fuoco medio-alto. Cospargere il pollo con il rimanente ¼ di cucchiaino di pepe. Friggere in olio bollente fino a doratura, circa 3 minuti, mescolando di tanto in tanto. Eliminare il grasso se necessario. Aggiungere con attenzione il brodo ridotto nella pentola, raschiando eventuali pezzetti dorati. Aggiungi le carote. Cucinare; Ridurre il calore. Cuocere a fuoco lento scoperto per 8-10 minuti o fino a quando le carote saranno tenere. Mescolare il succo di limone. Tagliare il cavolo cinese nel senso della lunghezza. (Se le teste del cavolo cinese sono grandi, tagliale in quarti.) Metti il cavolo cinese sopra il pollo nella pentola. Coprire e togliere dal fuoco; Lasciare riposare per 2 minuti.

3. Versare lo stufato in ciotole poco profonde. Cospargete sopra la scorza di limone e il timo tritato.

PUREA DI PEPERONI E POLLO ALL'ANACARDIO IN INVOLTINI DI LATTUGA

DALL'INIZIO ALLA FINE: In 45 minuti si ottengono: da 4 a 6 porzioni

NE ESISTONO DUE TIPIOLIO DI COCCO SUGLI SCAFFALI: RAFFINATO ED EXTRA VERGINE O NON RAFFINATO. COME SUGGERISCE IL NOME, L'OLIO EXTRA VERGINE DI COCCO È OTTENUTO DALLA PRIMA SPREMITURA DEL COCCO FRESCO E CRUDO. QUANDO SI CUCINA A FUOCO MEDIO O MEDIO, È SEMPRE UNA SCELTA MIGLIORE. L'OLIO DI COCCO RAFFINATO HA UN PUNTO DI FUMO PIÙ ALTO. PERTANTO, UTILIZZARLO SOLO DURANTE LA COTTURA A FUOCO ALTO.

- 1 cucchiaio di olio di cocco raffinato
- Da 1½ a 2 libbre di cosce di pollo senza pelle e disossate, tagliate a strisce sottili e piccole
- 3 peperoni rossi, arancioni e/o gialli, privati del gambo, dei semi e tagliati a strisce sottili
- 1 cipolla rossa, tagliata a metà nel senso della lunghezza e affettata sottilmente
- 1 cucchiaino di buccia d'arancia grattugiata finemente (mettere da parte)
- ½ tazza di succo d'arancia fresco
- 1 cucchiaio di zenzero fresco tritato finemente
- 3 spicchi d'aglio, tritati
- 1 tazza di anacardi crudi non salati, tostati e tritati grossolanamente (vedi[Mancia](#))
- ½ tazza di cipolle verdi affettate (4)
- Da 8 a 10 foglie di lattuga al burro o iceberg

1. Scalda l'olio di cocco a fuoco alto in un wok o in una padella capiente. Aggiungi pollo; cuocere e mescolare per 2 minuti. Aggiungi peperone e cipolla; cuocere e mescolare fino a quando

le verdure iniziano ad ammorbidirsi, da 2 a 3 minuti. Rimuovere il pollo e le verdure dal wok; tenere caldo.

2. Pulisci il wok con carta assorbente. Aggiungi il succo d'arancia nel wok. Cuocere per circa 3 minuti o finché i succhi non iniziano a bollire, quindi ridurre leggermente. Aggiungi lo zenzero e l'aglio. Cuocere e mescolare per 1 minuto. Aggiungi il composto di pollo e peperoni nel wok. Aggiungere la scorza d'arancia, gli anacardi e i cipollotti. Servire il wok su foglie di lattuga.

POLLO VIETNAMITA ALLA CITRONELLA E COCCO

DALL'INIZIO ALLA FINE: In 30 minuti si ottengono: 4 porzioni

QUESTO CURRY VELOCE AL COCCO PUÒ ESSERE IN TAVOLA ENTRO 30 MINUTI DALL'INIZIO DEL TAGLIO, RENDENDOLO UN PASTO IDEALE PER UNA NOTTE INFRASETTIMANALE IMPEGNATIVA.

- 1 cucchiaio di olio di cocco non raffinato
- 4 gambi di citronella (solo le parti leggere)
- 1 confezione da 3,2 once di funghi ostrica, tritati
- 1 cipolla grande, affettata sottilmente, tagliata a metà ad anelli
- 1 jalapeño fresco, senza semi e tritato finemente (vedi Mancia)
- 2 cucchiai di zenzero fresco tritato finemente
- 3 spicchi d'aglio tritati
- 1 chilo e mezzo di cosce di pollo senza pelle e disossate, affettate sottilmente e tagliate a pezzetti
- ½ tazza di latte di cocco naturale (come Nature's Way)
- ½ tazza di brodo di ossa di pollo (vedi Ricetta) o brodo di pollo senza sale aggiunto
- 1 cucchiaio di curry rosso in polvere senza sale
- ½ cucchiaino di pepe nero
- ½ tazza di foglie di basilico fresco tritate
- 2 cucchiai di succo di lime fresco
- Scaglie di cocco non zuccherate (facoltativo)

1. Scaldare l'olio di cocco in una padella molto grande a fuoco medio. Aggiungi la citronella; cuocere e mescolare 1 minuto. Aggiungi funghi, cipolla, jalapeño, zenzero e aglio; Cuocere e mescolare fino a quando la cipolla sarà tenera, 2 minuti. Aggiungi pollo; cuocere circa 3 minuti o fino a quando il pollo sarà cotto.

2. Mescolare il latte di cocco, il brodo di ossa di pollo, il curry in polvere e il pepe nero in una piccola ciotola. Aggiungi il composto di pollo alla padella; Cuocere 1 minuto o fino a quando il liquido si sarà leggermente addensato. Togliere dal fuoco; Mescolare il basilico fresco e il succo di lime. Se lo si desidera, cospargere con cocco in porzioni.

INSALATA DI POLLO ALLA GRIGLIA E SCAROLA DI MELE

PREPARAZIONI:30 minuti per grigliare: 12 minuti per una resa: 4 porzioni

SE TI PIACE UNA MELA PIÙ DOLCE, PRENDI HONEYCRISP. SE TI PIACE LA MELA ASPRA, USA LA GRANNY SMITH O PROVA UN MIX DI ENTRAMBE LE VARIETÀ PER BILANCIARLA.

3 mele medie Honeycrisp o Granny Smith
4 cucchiaini di olio extra vergine di oliva
½ dl di scalogno tritato finemente
2 cucchiai di prezzemolo fresco tritato
1 cucchiaio di condimento per pollame
3-4 teste di scarola, tagliate in quarti
Petto di pollo o tacchino macinato da 1 libbra
⅓ tazza di nocciole tostate tritate*
⅓ tazza di vinaigrette francese classica (vedi Ricetta)

1. Tagliare a metà le mele e privarle del torsolo. Sbucciare 1 mela e tritarla finemente. Scaldare 1 cucchiaino di olio d'oliva in una padella media a fuoco medio. Aggiungere la mela e lo scalogno tritati; cuocere fino a quando saranno teneri. Mescolare il prezzemolo e le spezie per uccelli. Mettere da parte a raffreddare.

2. Nel frattempo, togli il torsolo alle 2 mele rimanenti e tagliale a spicchi. Spennellate i lati tagliati degli spicchi di mela e della scarola con il restante olio d'oliva. In una grande ciotola, unisci il pollo e la miscela di mele raffreddate. Dividere in otto porzioni; Forma ciascuna porzione in un tortino da 2 pollici di diametro.

3. Per una griglia a carbone o a gas, posizionare le polpette di pollo e le fette di mela direttamente su una griglia a fuoco medio. Coprire e grigliare per 10 minuti, girando una volta a metà del tempo di cottura. Aggiungere la scarola e tagliare i lati. Coprire e grigliare per 2-4 minuti o fino a quando le scarole saranno leggermente carbonizzate, le mele saranno tenere e le polpette di pollo saranno cotte (165 ° F).

4. Tritare grossolanamente la scarola. Dividere la scarola in quattro piatti da portata. Completare con le polpette di pollo, le fette di mela e le nocciole. Condire con la classica vinaigrette francese.

*Suggerimento: per tostare le nocciole, preriscaldare il forno a 180°C. Distribuire le noci in un unico strato in una teglia bassa. Cuocere in forno da 8 a 10 minuti o fino a quando leggermente tostato, mescolando una volta per una tostatura uniforme. Lasciare raffreddare leggermente le noci. Metti le noci calde su un canovaccio pulito. Strofinare con l'asciugamano per rimuovere le pellicine sciolte.

ZUPPA DI POLLO ALLA TOSCANA CON NASTRI DI CAVOLO RICCIO

PREPARAZIONI: 15 minuti Tempo di cottura: 20 minuti Resa: da 4 a 6 porzioni

UN CUCCHIAIO DI PESTO - A SCELTA BASILICO O RUCOLA - AGGIUNGE UN OTTIMO SAPORE A QUESTA SOSTANZIOSA ZUPPA CONDITA CON CONDIMENTO PER POLLAME SENZA SALE. PER MANTENERE LE STRISCE DI CAVOLO VERDE BRILLANTE E IL PIÙ NUTRIENTI POSSIBILE, CUOCILE FINCHÉ NON SARANNO APPASSITE.

- Pollo macinato da 1 libbra
- 2 cucchiai di condimento per pollame senza sale aggiunto
- 1 cucchiaino di scorza di limone grattugiata finemente
- 1 cucchiaio di olio d'oliva
- 1 dl di cipolla tritata
- ½ tazza di carote tritate
- 1 dl di sedano tritato
- 4 spicchi d'aglio, affettati
- 4 tazze di brodo di ossa di pollo (vedi Ricetta) o brodo di pollo senza sale aggiunto
- 1 lattina da 14,5 once senza sale aggiunto pomodori arrostiti al fuoco, non sgocciolati
- 1 mazzo di cavolo riccio lacinato (toscano), privato del gambo, tagliato a listarelle
- 2 cucchiai di succo di limone fresco
- 1 cucchiaino di timo fresco tritato
- Pesto di basilico o rucola (vedi Ricetta)

1. Unisci il pollo macinato, il condimento per pollame e la scorza di limone in una ciotola media. Mescolare bene.

2. Scaldare l'olio d'oliva in un forno olandese a fuoco medio. Aggiungi il composto di pollo, cipolle, carote e sedano; Cuocere

da 5 a 8 minuti o fino a quando il pollo non sarà più rosa, mescolando con un cucchiaio di legno per allentare la carne e aggiungendo gli spicchi d'aglio nell'ultimo minuto di cottura. Aggiungere il brodo di ossa di pollo e i pomodori. Cucinare; Ridurre il calore. Coprire e cuocere a fuoco lento per 15 minuti. Mescolare il cavolo riccio, il succo di limone e il timo. Cuocere a fuoco lento, scoperto, per circa 5 minuti o fino a quando il cavolo riccio sarà appena appassito.

3. Per servire, versare la zuppa nelle ciotole da portata e guarnire con il pesto di basilico o rucola.

LARBA DI POLLO

PREPARAZIONI: 15 minuti Cottura: 8 minuti Raffreddamento: 20 minuti
Quantità: 4 porzioni

QUESTA VERSIONE DEL POPOLARE PIATTO TAILANDESE FATTO CON POLLO MACINATO E VERDURE ALTAMENTE CONDITI, SERVITO IN FOGLIE DI LATTUGA, È INCREDIBILMENTE LEGGERO E SAPORITO, SENZA ZUCCHERI AGGIUNTI, SALE E SALSA DI PESCE (CHE È RICCA DI SODIO) CHE TRADIZIONALMENTE FANNO PARTE DELLA LISTA DEGLI INGREDIENTI. CON AGLIO, PEPERONCINO TAILANDESE, CITRONELLA, SCORZA DI LIME, SUCCO DI LIME, MENTA E CORIANDOLO, NON TI MANCHERANNO.

- 1 cucchiaio di olio di cocco raffinato
- 2 libbre di pollo macinato (95% di petto magro o macinato)
- 8 once di funghi, tritati finemente
- 1 dl di cipolla rossa tritata finemente
- Da 1 a 2 peperoncini tailandesi, senza semi e tritati finemente (vedi Mancia)
- 2 cucchiai di aglio tritato finemente
- 2 cucchiai di citronella tritata finemente*
- ¼ di cucchiaino di chiodi di garofano macinati
- ¼ cucchiaino di pepe nero
- 1 cucchiaio di scorza di lime grattugiata finemente
- ½ tazza di succo di lime fresco
- ⅓ tazza di foglie di menta fresca ben confezionate, tritate
- ⅓ tazza di coriandolo fresco ben confezionato, tritato
- 1 cespo di lattuga iceberg, diviso in foglie

1. Scaldare l'olio di cocco in una padella molto grande a fuoco medio. Aggiungere pollo macinato, funghi, cipolla, peperoncino, aglio, citronella, chiodi di garofano e pepe nero. Cuocere per 8-

10 minuti o fino a quando il pollo sarà cotto, mescolando con un cucchiaio di legno per allentare la carne durante la cottura. Scolare se necessario. Metti il composto di pollo in una ciotola molto grande. Lasciare raffreddare per circa 20 minuti o fino a quando leggermente più caldo della temperatura ambiente, mescolando di tanto in tanto.

2. Mescolare la scorza di lime, il succo di lime, la menta e il coriandolo nel composto di pollo. Servire in foglie di lattuga.

*Suggerimento: per preparare la citronella è necessario un coltello affilato. Taglia il gambo legnoso nella parte inferiore e le foglie verdi e dure nella parte superiore della pianta. Rimuovere i due strati esterni duri. Dovresti ottenere un pezzo di citronella lungo circa 6 pollici e di colore giallo-bianco chiaro. Tagliare il gambo a metà orizzontalmente, quindi tagliare nuovamente ciascuna metà a metà. Affettate ogni quarto del gambo molto sottilmente.

HAMBURGER DI POLLO CON SALSA DI ANACARDI DEL SZECHUAN

PREPARAZIONI:30 minuti cottura: 5 minuti grigliatura: 14 minuti resa: 4 porzioni

L'OLIO AL PEPERONCINO PRODOTTO MEDIANTE RISCALDAMENTOL'OLIO D'OLIVA CON PEPERONCINO TRITATO PUÒ ESSERE UTILIZZATO ANCHE IN ALTRI MODI. USALO PER FRIGGERE LE VERDURE FRESCHE O MESCOLALO CON UN PO' DI OLIO AL PEPERONCINO PRIMA DI FRIGGERLO.

- 2 cucchiai di olio d'oliva
- ¼ cucchiaino di peperoncino tritato
- 2 tazze di pezzi di anacardi crudi, tostati (vedi<u>Mancia</u>)
- ¼ tazza di olio d'oliva
- ½ tazza di zucchine grattugiate
- ¼ di tazza di erba cipollina tritata finemente
- 2 spicchi d'aglio, tritati
- 2 cucchiaini di scorza di limone grattugiata finemente
- 2 cucchiaini di zenzero fresco grattugiato
- Petto di pollo o tacchino macinato da 1 libbra

SALSA DI ANACARDI DI SZECHUAN
- 1 cucchiaio di olio d'oliva
- 2 cucchiai di cipolle verdi tritate finemente
- 1 cucchiaio di zenzero fresco grattugiato
- 1 cucchiaino di polvere cinese di cinque spezie
- 1 cucchiaino di succo di lime fresco
- 4 foglie verdi o foglie di lattuga al burro

1. Per l'olio al peperoncino, mescolare l'olio d'oliva e il peperoncino tritato in una piccola casseruola. Scaldare a fuoco basso per 5 minuti. Togliere dal fuoco; lasciare raffreddare.

2. Per preparare il burro di anacardi, metti gli anacardi e 1 cucchiaio di olio d'oliva in un frullatore. Coprite e mescolate fino a formare un composto cremoso. Fermandosi per raschiare i bordi secondo necessità, quindi aggiungere l'olio d'oliva, 1 cucchiaio alla volta, fino a quando non viene utilizzata tutta ¼ di tazza e il burro è molto morbido. mettere da parte.

3. Unisci le zucchine, l'erba cipollina, l'aglio, la scorza di limone e 2 cucchiaini di zenzero in una ciotola capiente. Aggiungi carne macinata; mescolare bene. Formare il composto di pollo in quattro polpette spesse ½ pollice.

4. Se si utilizza una griglia a carbone o a gas, posizionare le bistecche direttamente sulla griglia unta a fuoco medio. Coprire e grigliare per 14-16 minuti o fino a cottura ultimata (165 ° F), girando una volta a metà del tempo di cottura.

5. Nel frattempo, per preparare la salsa, scaldare l'olio d'oliva in una padella a fuoco medio. Aggiungere le cipolle verdi e 1 cucchiaio di zenzero; Cuocere a fuoco medio-alto per 2 minuti o fino a quando gli scalogni saranno morbidi. Aggiungi ½ tazza di burro di anacardi (conserva il burro di anacardi avanzato in frigorifero per un massimo di una settimana), olio di peperoncino, succo di lime e polvere di cinque spezie. Cuocere per altri 2 minuti. Togliere dal fuoco.

6. Servire le bistecche su foglie di lattuga. Irrorare con la salsa.

INVOLTINI DI POLLO TURCHI

PREPARAZIONI: Lasciare riposare per 25 minuti: Cuocere per 15 minuti: 8 minuti Per: da 4 a 6 porzioni

"BAHARAT" SIGNIFICA SEMPLICEMENTE "SPEZIA" IN ARABO. UN CONDIMENTO VERSATILE NELLA CUCINA MEDIORIENTALE, VIENE SPESSO UTILIZZATO PER STROFINARE PESCE, POLLAME E CARNE, OPPURE MESCOLATO CON OLIO D'OLIVA E UTILIZZATO COME MARINATA DI VERDURE. LA COMBINAZIONE DI SPEZIE CALDE E DOLCI COME CANNELLA, CUMINO, CORIANDOLO, CHIODI DI GAROFANO E PAPRIKA LO RENDE PARTICOLARMENTE AROMATICO. L'AGGIUNTA DI MENTA SECCA È UN TOCCO TURCO.

⅓ tazza di albicocche secche acerbe tritate
⅓ tazza di fichi secchi tritati
1 cucchiaio di olio di cocco non raffinato
1 chilo e mezzo di petti di pollo macinati
3 tazze di porri affettati (solo parti bianche e verde chiaro) (3)
⅔ di un peperone verde e/o rosso medio, tagliato a fettine sottili
2 cucchiai di spezie Baharat (vedi Ricetta, sotto)
2 spicchi d'aglio, tritati
1 tazza di pomodori a pezzetti con semi (2 medi)
1 tazza di cetriolo tritato e senza semi (½ medio)
½ tazza di pistacchi tritati, sgusciati, non salati, tostati (vedi Mancia)
¼ tazza di menta fresca tritata
¼ di tazza di prezzemolo fresco tritato
Da 8 a 12 foglie di lattuga grandi

1. Metti le albicocche e i fichi in una piccola ciotola. Aggiungi ⅔ tazza di acqua bollente; Lasciare riposare 15 minuti. Scolare e riservare mezza tazza di liquido.

2. Nel frattempo, scalda l'olio di cocco in una padella molto grande a fuoco medio. Aggiungi carne macinata; Cuocere per 3 minuti, mescolando con un cucchiaio di legno per allentare la carne durante la cottura. Aggiungi porri, peperoni, condimento baharat e aglio; cuocere e mescolare fino a quando il pollo sarà cotto e i peperoni saranno appena teneri, circa 3 minuti. Aggiungere albicocche, fichi, liquido riservato, pomodori e cetrioli. Cuocere e mescolare per circa 2 minuti o fino a quando pomodori e cetrioli iniziano a rompersi. Unire i pistacchi, la menta e il prezzemolo.

3. Servire pollo e verdure in foglie di lattuga.

Condimento Baharat: mescolare 2 cucchiai di paprika dolce in una piccola ciotola; 1 cucchiaio di pepe nero; 2 cucchiaini di menta secca, tritata finemente; 2 cucchiaini di cumino macinato; 2 cucchiaini di coriandolo macinato; 2 cucchiaini di cannella in polvere; 2 cucchiaini di chiodi di garofano macinati; 1 cucchiaino di noce moscata macinata; e 1 cucchiaino di cardamomo macinato. Conservare in un contenitore ermeticamente chiuso a temperatura ambiente. Fa circa mezza tazza.

POLLI DELLA CORNOVAGLIA SPAGNOLI

PREPARAZIONI: 10 minuti Cottura al forno: 30 minuti Arrosto: 6 minuti
Per preparare: da 2 a 3 porzioni

QUESTA RICETTA NON POTREBBE ESSERE PIÙ SEMPLICE- E IL RISULTATO È ASSOLUTAMENTE FANTASTICO. UN SACCO DI PAPRIKA AFFUMICATA, AGLIO E LIMONE CONFERISCONO A QUESTI UCCELLINI UN SAPORE ECCEZIONALE.

2 galline della Cornovaglia da 1½ libbre, scongelate se congelate
1 cucchiaio di olio d'oliva
6 spicchi d'aglio, tritati
2 o 3 cucchiai di paprika dolce affumicata
Da ¼ a ½ cucchiaino di pepe di cayenna (facoltativo)
2 limoni, squartati
2 cucchiai di prezzemolo fresco tritato (facoltativo)

1. Preriscaldare il forno a 180°C. Per tagliare in quattro il pollo selvatico, usa delle forbici da cucina o un coltello affilato per tagliare lungo entrambi i lati della stretta spina dorsale. Farfalla l'uccello e tagliare la gallina a metà attraverso lo sterno. Eliminate la schiena incidendo la pelle e la carne, separando le cosce dal petto. Mantenere intatte le ali e il petto. Strofina i pezzi di pollo della Cornovaglia con olio d'oliva. Cospargere con aglio tritato.

2. Metti i pezzi di pollo, con la pelle rivolta verso l'alto, in una teglia molto grande. Cospargere con paprika affumicata e pepe di cayenna. Spremi i quarti di limone sul pollo. Aggiungi la scorza di limone nella padella. Disporre i pezzi di pollo nella padella, con la pelle rivolta verso il basso. Coprire e cuocere per 30 minuti. Togli la padella dal forno.

3. Preriscaldare la griglia. Torcere i pezzi con le pinze. Regola la griglia del forno. Arrostire da 4 a 5 pollici dal fuoco finché la pelle non sarà dorata e il pollo sarà cotto (175 ° F), da 6 a 8 minuti. Irrorare con i succhi di padella. Se lo si desidera, spolverare con prezzemolo.

POLLI DELLA CORNOVAGLIA ARROSTITI AL PISTACCHIO CON INSALATA DI RUCOLA, ALBICOCCHE E FINOCCHI

PREPARAZIONI:30 minuti Raffreddamento: da 2 a 12 ore Arrosto: 50 minuti Riposo: 10 minuti Quantità: 8 porzioni

PREPARATO UN PESTO DI PISTACCHICON PREZZEMOLO, TIMO, AGLIO, SCORZA D'ARANCIA, SUCCO D'ARANCIA E OLIO D'OLIVA VIENE FARCITO SOTTO LA PELLE DI OGNI UCCELLO PRIMA DELLA MARINATURA.

- 4 galline da selvaggina della Cornovaglia da 20 a 24 once
- 3 dl di pistacchi crudi
- 2 cucchiai di prezzemolo fresco italiano (a foglia piatta) tritato
- 1 cucchiaio di timo tritato
- 1 spicchio d'aglio grande, tritato finemente
- 2 cucchiaini di scorza d'arancia tritata finemente
- 2 cucchiai di succo d'arancia fresco
- ¾ tazza di olio d'oliva
- 2 cipolle grandi, affettate sottilmente
- ½ tazza di succo d'arancia fresco
- 2 cucchiai di succo di limone fresco
- ¼ di cucchiaino di pepe nero appena macinato
- ¼ di cucchiaino di senape secca
- 2 confezioni da 5 once di rucola
- 1 bulbo grande di finocchio, tagliato a fettine sottili
- 2 cucchiai di foglie di finocchio tritate
- 4 albicocche, snocciolate e tagliate a spicchi sottili

1. Sciacquare le cavità delle galline selvatiche della Cornovaglia. Lega insieme le gambe con spago da cucina in cotone 100%. Infila le ali sotto il corpo; mettere da parte.

2. Unisci pistacchi, prezzemolo, timo, aglio, scorza d'arancia e succo d'arancia in un robot da cucina o in un frullatore. Lavorare fino a formare una pasta grossolana. Con il processore in funzione, aggiungi ¼ di tazza di olio d'oliva in un flusso lento e costante.

3. Usa le dita per allentare la pelle sul lato del petto di una gallina, creando una tasca. Distribuire uniformemente un quarto del composto di pistacchi sotto la pelle. Ripetere l'operazione con il rimanente composto di pollo e pistacchi. Distribuire le cipolle affettate sul fondo della padella; Metti il petto di pollo sulla cipolla con il lato rivolto verso l'alto. Coprire e conservare in frigorifero per 2-12 ore.

4. Preriscaldare il forno a 425°F. Arrostire il pollo per 30-35 minuti o finché un termometro a lettura istantanea inserito nel muscolo interno della coscia non registra 175 ° F.

5. Nel frattempo, per preparare il condimento, unire il succo d'arancia, il succo di limone, il pepe e la senape in una piccola ciotola. Mescolare bene. Aggiungere la rimanente 1/2 tazza di olio d'oliva in un flusso lento e costante, mescolando continuamente.

6. Per preparare l'insalata, unire la rucola, il finocchio, le foglie di finocchio e le albicocche in una ciotola capiente. Irrorare leggermente con il condimento; tira bene. Conserva la benda extra per un altro scopo.

7. Togliere i polli dal forno; Tenda liberamente con un foglio e lascia riposare per 10 minuti. Per servire, dividere equamente l'insalata su otto piatti da portata. Dimezzare i polli nel senso della lunghezza; Metti le metà del pollo sulle insalate. Servire immediatamente.

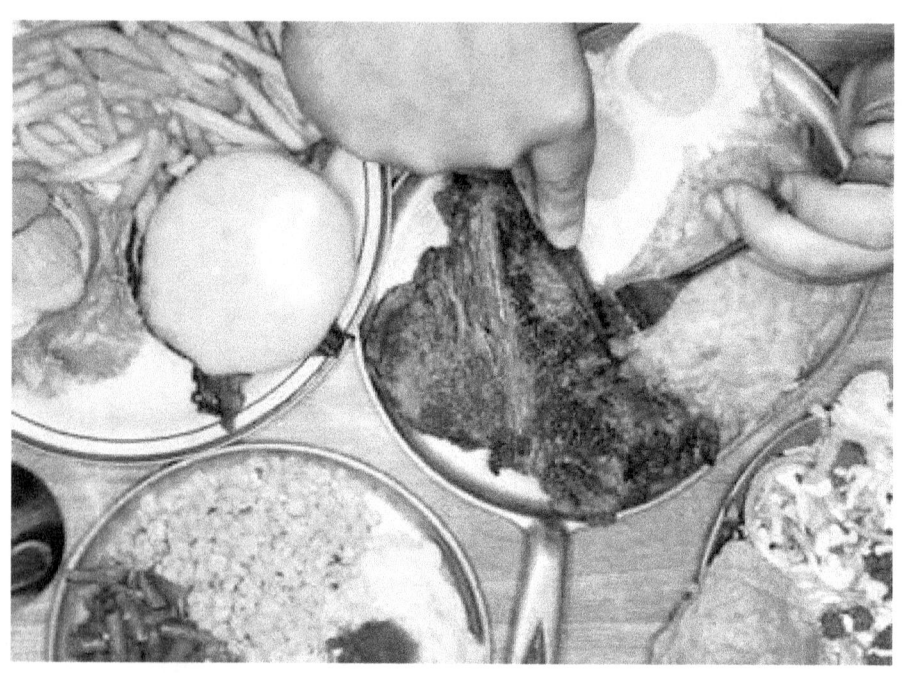

PETTO D'ANATRA CON INSALATA DI MELOGRANO E JICAMA

PREPARAZIONI:15 minuti Preparazione: 15 minuti si ottiene: 4 porzioni

PER TAGLIARE UN MOTIVO A ROMBI IL GRASSO DEI PETTI D'ANATRA GARANTISCE CHE IL GRASSO VENGA RILASCIATO QUANDO I PETTI CONDITI CON GARAM MASALA VENGONO COTTI. IL GOCCIOLAMENTO VIENE MESCOLATO CON JICAMA, SEMI DI MELOGRANO, SUCCO D'ARANCIA E BRODO DI MANZO E MESCOLATO CON PEPE VERDE IN GRANI PER FARLO APPASSIRE UN PO'.

4 petti d'anatra muta disossati (da circa 1½ a 2 libbre in totale)
1 cucchiaio di garam masala
1 cucchiaio di olio di cocco non raffinato
2 tazze di jicama sbucciata e tagliata a dadini
½ tazza di semi di melograno
¼ di tazza di succo d'arancia fresco
¼ di tazza di brodo di manzo (vedi Ricetta) o brodo di carne senza sale aggiunto
3 dl di crescione privato del gambo
3 dl di frisée grattugiata e/o di indivia belga tagliata sottile

1. Usando un coltello affilato, fai dei tagli superficiali a forma di diamante nel grasso del petto d'anatra a intervalli di 1 pollice. Cospargere entrambi i lati delle metà del seno con garam masala. Scalda una padella molto grande a fuoco medio-alto. Sciogliere l'olio di cocco nella padella calda. Disporre le metà del petto nella teglia, con la pelle rivolta verso il basso. Friggere per 8 minuti, con la pelle rivolta verso il basso, facendo attenzione a non dorare troppo velocemente (abbassare la fiamma se necessario). Girare i petti d'anatra; Cuocere da 5 a 6 minuti in più o fino a quando un termometro a lettura istantanea inserito nelle metà del seno registra 145 ° F per

medio. Rimuovere le metà del petto, conservando il gocciolamento nella padella. Coprire con un foglio di alluminio per mantenerlo al caldo.

2. Per preparare il condimento, aggiungi la jicama al sugo nella padella; cuocere e mescolare a fuoco medio per 2 minuti. Aggiungi nella padella i semi di melograno, il succo d'arancia e il brodo di manzo. Cucinare; togliere immediatamente dal fuoco.

3. Per preparare l'insalata, unire il crescione e la frisée in una ciotola capiente. Versare il condimento caldo sulle verdure; Mescolare per ricoprire.

4. Dividere l'insalata in quattro piatti. Tagliare i petti d'anatra a fettine sottili e disporli sull'insalata.

BISTECCHE ALLA GRIGLIA CON HASH DI VERDURE A RADICE GRATTUGIATE

PREPARAZIONI: Lasciare riposare per 20 minuti: Grigliare per 20 minuti: Lasciare riposare per 10 minuti: 5 minuti Per: 4 porzioni

LE BISTECCHE HANNO UNA CONSISTENZA MOLTO TENERA, E LA PICCOLA STRISCIA DI GRASSO SU UN LATO DELLA BISTECCA DIVENTA CROCCANTE E AFFUMICATA ALLA GRIGLIA. LA MIA OPINIONE SUL GRASSO ANIMALE È CAMBIATA RISPETTO AL MIO PRIMO LIBRO. SE SEGUI I PRINCIPI DI BASE DELLA PALEO DIET® E LIMITI I GRASSI SATURI AL 10-15% DELL'APPORTO CALORICO GIORNALIERO, IL RISCHIO DI MALATTIE CARDIACHE NON AUMENTERÀ, ANZI, POTREBBE ESSERE VERO IL CONTRARIO. NUOVE INFORMAZIONI SUGGERISCONO CHE LIVELLI ELEVATI DI COLESTEROLO LDL POSSONO EFFETTIVAMENTE RIDURRE L'INFIAMMAZIONE SISTEMICA, CHE È UN FATTORE DI RISCHIO PER LE MALATTIE CARDIACHE.

3 cucchiai di olio extra vergine di oliva
2 cucchiai di rafano fresco grattugiato
1 cucchiaino di buccia d'arancia grattugiata finemente
½ cucchiaino di cumino macinato
½ cucchiaino di pepe nero
4 bistecche (chiamate anche Oberloin), tagliate spesse circa 2,5 cm
2 pastinache medie, sbucciate
1 patata dolce grande, sbucciata
1 rapa media, sbucciata
1 o 2 scalogni, tritati finemente
2 spicchi d'aglio, tritati
1 cucchiaio di timo fresco tritato

1. In una piccola ciotola, unisci 1 cucchiaio di olio, rafano, scorza d'arancia, cumino e ¼ di cucchiaino di paprika. Distribuire il

composto sulle bistecche; Coprire e lasciare riposare a temperatura ambiente per 15 minuti.

2. Mentre l'hashish cuoce, sminuzza le pastinache, le patate dolci e le rape utilizzando una grattugia o un robot da cucina dotato di lama per grattugiare. Metti le verdure tritate in una ciotola capiente; Aggiungi lo scalogno (i). In una piccola ciotola, unisci i restanti 2 cucchiai di olio, il restante ¼ di cucchiaino di pepe, l'aglio e il timo. Irrorare con le verdure; mescolare e mescolare accuratamente. Piega a metà un pezzo di pellicola resistente da 36 x 18 pollici per creare un foglio da 18 x 18 pollici a doppio spessore. Disporre il composto di verdure al centro della pellicola. Riprendere i bordi opposti della pellicola e sigillarli con una doppia piega. Ripiegare i bordi rimanenti per racchiudere completamente le verdure, lasciando spazio alla formazione del vapore.

3. Per una griglia a carbone o a gas, posizionare le bistecche e i pacchetti di alluminio direttamente sulla griglia a fuoco medio. Coprire e grigliare le bistecche per una cottura mediamente cotta (145 °F) per 10-12 minuti o mediamente cotta (160 °F) per 12-15 minuti, girandola una volta a metà del tempo di cottura. Grigliare l'involucro per 10-15 minuti o fino a quando le verdure saranno tenere. Lascia riposare le bistecche per 5 minuti mentre le verdure finiscono di cuocere. Dividere l'hashish di verdure tra quattro piatti da portata; Completare con le polpette.

PORRIDGE ASIATICO DI MANZO E VERDURE

PREPARAZIONI:30 minuti Preparazione: 15 minuti si ottiene: 4 porzioni

LA POLVERE DI CINQUE SPEZIE È UNA MISCELA DI SPEZIE SENZA SALEAMPIAMENTE UTILIZZATO NELLA CUCINA CINESE. È FATTO CON PARTI UGUALI DI CANNELLA MACINATA, CHIODI DI GAROFANO, SEMI DI FINOCCHIO, ANICE STELLATO E PEPE DI SICHUAN.

- Bistecca di controfiletto disossata da 1½ libbra o bistecca rotonda disossata, tagliata spessa 1 pollice
- 1 cucchiaino e mezzo di polvere di cinque spezie
- 3 cucchiai di olio di cocco raffinato
- 1 cipolla rossa piccola, tagliata a spicchi sottili
- 1 mazzetto di asparagi (circa 12 once), mondato e tagliato in pezzi da 3 pollici
- 1½ dl di carote arancioni e/o gialle tagliate a julienne
- 4 spicchi d'aglio, tritati
- 1 cucchiaino di buccia d'arancia grattugiata finemente
- ¼ di tazza di succo d'arancia fresco
- ¼ di tazza di brodo di manzo (vediRicetta) o brodo di carne senza sale aggiunto
- ¼ di tazza di aceto di vino bianco
- Da ¼ a ½ cucchiaino di peperoncino tritato
- 8 dl di cavolo cinese tritato grossolanamente
- ½ tazza di mandorle a scaglie non salate o anacardi non salati, tritati grossolanamente, tostati (vedi Consigli, pagina 57)

1. Se necessario, congelare parzialmente la carne per facilitarne il taglio (circa 20 minuti). Tagliare la carne a fette molto sottili. In una grande ciotola, unisci la carne di manzo e la polvere di cinque spezie. Scaldare 1 cucchiaio di olio di cocco a fuoco medio-alto in un wok grande o in una padella extra-large. Aggiungi metà della carne di manzo; cuocere e mescolare fino a

doratura, da 3 a 5 minuti. Metti la carne in una ciotola. Ripetere l'operazione con la carne rimanente e un altro cucchiaio di olio. Aggiungi la carne nella ciotola insieme all'altra carne cotta.

2. Aggiungi il restante 1 cucchiaio di olio allo stesso wok. Aggiungi la cipolla; cuocere e mescolare per 3 minuti. Aggiungi asparagi e carote; cuocere e mescolare fino a quando le verdure saranno croccanti e tenere, da 2 a 3 minuti. Aggiungi l'aglio; cuocere e mescolare per 1 altro minuto.

3. Per preparare la salsa, unire la buccia d'arancia, il succo d'arancia, il brodo di manzo, l'aceto e il peperoncino tritato in una piccola ciotola. Aggiungere la salsa e tutta la carne con il sugo nella ciotola alle verdure nel wok. Cuocere e mescolare per 1 o 2 minuti o fino a quando non sarà completamente riscaldato. Usando una schiumarola, trasferisci la carne e le verdure in una ciotola capiente. Coprire per stare al caldo.

4. Lascia cuocere la salsa, senza coperchio, a fuoco medio per 2 minuti. Aggiungi cavolo; Cuocere e mescolare finché il cavolo non sarà appena appassito, da 1 a 2 minuti. Dividere il cavolo e l'eventuale fondo di cottura in quattro piatti da portata. Ricoprire uniformemente con il composto di carne. Cospargere di noci.

FILETTI DI CEDRO CON INSALATA ASIATICA E INSALATA DI CAVOLO

BAGNATO:1 ora Preparazione: 40 minuti Griglia: 13 minuti Riposo: 10 minuti Per: 4 porzioni.

IL CAVOLO CINESE È TALVOLTA CHIAMATO CAVOLO CINESE.HA BELLISSIME FOGLIE COLOR CREMA, INCRESPATE CON PUNTE GIALLO-VERDI BRILLANTI. HA UN SAPORE E UNA CONSISTENZA DELICATI E DELICATI, MOLTO DIVERSI DALLE FOGLIE CEROSE DEL CAVOLO, ED È, NON A CASO, UN INGREDIENTE NATURALE NEI PIATTI ASIATICI.

1 grande tavola di cedro
¼ oncia di funghi shiitake secchi
¼ di tazza di olio di noci
2 cucchiaini di zenzero fresco tritato finemente
2 cucchiaini di peperoncino rosso tritato
1 cucchiaino di grani di pepe di Sichuan tritati
¼ di cucchiaino di polvere di cinque spezie
4 spicchi d'aglio, tritati
4 bistecche di controfiletto da 4 a 5 once, tagliate da ¾ a 1 pollice di spessore
Insalata di cavolo asiatica (vediRicetta, sotto)

1. Posizionare la griglia nell'acqua; appesantire e immergere per almeno 1 ora.

2. Nel frattempo, per preparare la schiuma asiatica, versare acqua bollente sui funghi shiitake secchi in una piccola ciotola; Lasciare agire per 20 minuti per idratare. Scolate i funghi e metteteli in un robot da cucina. Aggiungere olio di noci, zenzero, peperoncino tritato, pepe in grani di Sichuan, polvere di cinque spezie e aglio. Coprire e lavorare finché i funghi non vengono triturati e gli ingredienti si fondono; mettere da parte.

3. Svuotare la piastra grill. Per una griglia a carbone, disponi i carboni medio-caldi attorno alla griglia. Posizionare la tavola sulla griglia direttamente sopra la brace. Coprire e grigliare per 3-5 minuti o fino a quando la tavola inizia a scoppiettare e fumare. Metti le bistecche sulle griglie direttamente sulla brace; Grigliare per 3-4 minuti o fino a cottura ultimata. Disporre le bistecche sul tagliere, con la parte cotta rivolta verso l'alto. Posiziona la tavola al centro della griglia. Dividere il composto asiatico tra le bistecche. Coprire e grigliare per 10-12 minuti o fino a quando un termometro a lettura istantanea inserito orizzontalmente nelle polpette registra 130 ° F. (Per una griglia a gas, preriscaldare la griglia. Ridurre il calore a medio. Posizionare il tagliere sgocciolato sulla griglia, coprire e grigliare per 3-5 minuti o fino a quando il tagliere inizia a scoppiettare e fumare. Posizionare le bistecche sulla griglia per 3-4 minuti o finché trasferite. Posizionare le bistecche sul bordo, con il lato scottato rivolto verso l'alto. Impostare la griglia su cottura indiretta; posizionare il tagliere sul fuoco spento. Dividere Coprire le bistecche con la carne, coprire e grigliare per 10-12 minuti o fino a quando un termometro a lettura istantanea inserita orizzontalmente nei registri bistecche 130°Q.)

4. Rimuovere le bistecche dalla griglia. Coprire le bistecche senza stringere con un foglio di alluminio. Lasciare riposare per 10 minuti. Tagliare le bistecche a fette spesse ¼ di pollice. Servi la bistecca sullo slaw asiatico.

Slaw asiatico: in una ciotola capiente, unisci 1 cavolo cinese medio, tagliato a fettine sottili; 1 tazza di cavolo rosso grattugiato; 2 carote, sbucciate e tagliate a julienne; 1 peperone rosso o giallo, privato dei semi e tagliato a fettine molto sottili; 4 cipolle verdi, affettate sottilmente; 1 o 2 peperoncini Serrano, senza semi e tritati (vedi Mancia); 2 cucchiai di coriandolo tritato; e 2 cucchiai di menta tritata. Per preparare il condimento, unisci 3 cucchiai di succo di lime fresco, 1 cucchiaio di zenzero fresco grattugiato, 1 spicchio d'aglio tritato e $\frac{1}{8}$ cucchiaino di polvere di cinque spezie in un robot da cucina o un frullatore. Coprire e mescolare fino a che liscio. Con il processore in funzione, aggiungere gradualmente $\frac{1}{2}$ tazza di olio di noci e lavorare fino a ottenere un composto omogeneo. Aggiungere 1 cipollotto, tagliato a fettine sottili, al condimento. Irrorare con l'insalata di cavolo e mescolare per unire.

BISTECCHE TRI-TIP SCOTTATE CON PEPERONI DI CAVOLFIORE

PREPARAZIONI:25 minuti Preparazione: 25 minuti si ottiene: 2 porzioni

LA PEPERONATA È TRADIZIONALMENTE UN RAGÙ A COTTURA LENTA A BASE DI PEPERONI CON CIPOLLE, AGLIO ED ERBE AROMATICHE. QUESTA VERSIONE SALTATA VELOCEMENTE, RESA PIÙ PICCANTE CON IL CAVOLFIORE, SERVE SIA COME DOLCETTO CHE COME CONTORNO.

2 bistecche tri-tip da 4 a 6 once, tagliate da ¾ a 1 pollice di spessore
¾ cucchiaino di pepe nero
2 cucchiai di olio extra vergine di oliva
2 peperoni rossi e/o gialli, privati dei semi e affettati
1 scalogno, affettato sottilmente
1 cucchiaino di spezie mediterranee (vedi Ricetta)
2 dl di cimette piccole di cavolfiore
2 cucchiai di aceto balsamico
2 cucchiaini di timo fresco tritato

1. Asciugare le bistecche con carta assorbente. Cospargere le bistecche con ¼ di cucchiaino di pepe nero. Scaldare 1 cucchiaio di olio in una padella capiente a fuoco medio-alto. Aggiungi le bistecche alla padella; Ridurre il calore a medio. Cuocere le bistecche per 6-9 minuti a cottura media (145 ° F), girando di tanto in tanto. (Se la carne diventa dorata troppo velocemente, abbassare la fiamma.) Togliere le bistecche dalla padella; Coprire liberamente con un foglio di alluminio per mantenerlo al caldo.

2. Per la pepperonata, aggiungi il restante 1 cucchiaio di olio nella padella. Aggiungere peperoni e scalogno. Cospargere con spezie mediterranee. Cuocere a fuoco medio per circa 5 minuti o fino a

quando i peperoni saranno morbidi, mescolando di tanto in tanto. Aggiungi il cavolfiore, l'aceto balsamico, il timo e il restante ½ cucchiaino di pepe nero. Coprire e cuocere per 10-15 minuti o fino a quando il cavolfiore sarà tenero, mescolando di tanto in tanto. Rimetti le bistecche nella padella. Versare il composto di peperoni sulle polpette. Servire immediatamente.

BISTECCHE DI FERRO PIATTO AL POIVRE CON SALSA DI FUNGHI DI DIGIONE

PREPARAZIONI:15 minuti Preparazione: 20 minuti si ottiene: 4 porzioni

QUESTA BISTECCA DI ISPIRAZIONE FRANCESE CON SALSA DI FUNGHIPUÒ ESSERE IN TAVOLA IN POCO PIÙ DI 30 MINUTI, RENDENDOLO UN'OTTIMA SCELTA PER UN PASTO VELOCE DI TUTTI I GIORNI.

BISTECCHE
    3 cucchiai di olio extra vergine di oliva
    1 libbra di lance di asparagi piccoli, tagliati
    4 bistecche di ferro piatto da 6 once (scapola di manzo disossata)*
    2 cucchiai di rosmarino fresco tritato
    1½ cucchiaino di pepe nero macinato

SALSA
    8 once di funghi freschi affettati
    2 spicchi d'aglio, tritati
    ½ tazza di brodo di manzo (vedi<u>Ricetta</u>)
    ¼ di bicchiere di vino bianco secco
    1 cucchiaio di senape di Digione (vedi<u>Ricetta</u>)

1. Scaldare 1 cucchiaio di olio in una padella capiente a fuoco medio-alto. Aggiungi gli asparagi; Cuocere per 8-10 minuti o fino a quando diventano croccanti, girando di tanto in tanto gli spiedini per evitare che si brucino. Trasferire gli asparagi in un piatto; Coprire con un foglio di alluminio per mantenerlo al caldo.

2. Cospargere le bistecche con rosmarino e pepe; strofinare con le dita. Scaldare i restanti 2 cucchiai di olio nella stessa padella a

fuoco medio-alto. Aggiungi bistecche; Ridurre il calore a medio. Cuocere a fuoco medio (145 ° F), da 8 a 12 minuti, girando la carne di tanto in tanto. (Se la carne diventa dorata troppo velocemente, ridurre il fuoco.) Togliere la carne dalla padella, conservando i residui. Coprire le bistecche con un foglio di alluminio per tenerle al caldo.

3. Per preparare la salsa, aggiungere i funghi e l'aglio al sugo in padella; cuocere finché sono teneri, mescolando di tanto in tanto. Aggiungere il brodo, il vino e la senape di Digione. Cuocere a fuoco medio, raschiando i pezzetti dorati dal fondo della padella. Cucinare; lasciate cuocere ancora 1 minuto.

4. Dividere gli asparagi in quattro piatti. Completare con le bistecche; Versare la salsa sulle bistecche.

*Nota: se non riesci a trovare bistecche di ferro piatto da 6 once, acquista due bistecche da 8 a 12 once e tagliale a metà per ottenere quattro bistecche.

BISTECCHE ALLA GRIGLIA CON CIPOLLE CHIPOTLE CARAMELLATE E SALSA

PREPARAZIONI:30 minuti Marinatura: 2 ore Cottura al forno: 20 minuti Raffreddamento: 20 minuti Grigliatura: 45 minuti Quantità: 4 porzioni

LA BISTECCA DI FERRO PIATTO È RELATIVAMENTE NUOVACUT È STATO SVILUPPATO SOLO POCHI ANNI FA. TAGLIATO DALLA PARTE AROMATICA DELLA FODERA VICINO ALLA SCAPOLA, È SORPRENDENTEMENTE TENERO E HA UN SAPORE MOLTO PIÙ COSTOSO DI QUELLO CHE È, IL CHE PROBABILMENTE SPIEGA LA SUA RAPIDA CRESCITA IN POPOLARITÀ.

BISTECCHE
- ⅓ tazza di succo di lime fresco
- ¼ di tazza di olio extra vergine di oliva
- ¼ tazza di coriandolo tritato grossolanamente
- 5 spicchi d'aglio, tritati
- 4 bistecche di ferro piatto da 6 once (spalla di manzo disossata).

INSALATA DI SALSA
- 1 cetriolo senza semi (inglese) (sbucciato se lo si desidera), tagliato a dadini
- 1 tazza di pomodorini tagliati in quarti
- ½ tazza di cipolla rossa a dadini
- ½ tazza di coriandolo tritato grossolanamente
- 1 peperoncino poblano, senza semi e tagliato a dadini (vedi_Mancia_)
- 1 jalapeño, senza semi e tritato finemente (vedi_Mancia_)
- 3 cucchiai di succo di lime fresco
- 2 cucchiai di olio extra vergine di oliva

CIPOLLE CARAMELLATE
- 2 cucchiai di olio extra vergine di oliva

2 cipolle dolci grandi (ad esempio Maui, Vidalia, Texas Sweet o Walla Walla)

½ cucchiaino di peperoncino chipotle macinato

1. Per le bistecche, metterle in un sacchetto di plastica richiudibile in una ciotola poco profonda. mettere da parte. In una piccola ciotola, unire il succo di lime, l'olio, il coriandolo e l'aglio. versare sopra le bistecche confezionate. sigillare sacchetti; Passiamo al cappotto. Marinare in frigorifero per 2 ore.

2. Per preparare l'insalata, unisci il cetriolo, i pomodori, le cipolle, il coriandolo, il poblano e il jalapeño in una grande ciotola. Arrotolare per combinare. Per preparare il condimento, mescolare insieme il succo di lime e l'olio d'oliva in una piccola ciotola. Condire con condimento le verdure; Mescolare per ricoprire. Coprire e conservare in frigorifero fino al momento di servire.

3. Per le cipolle, preriscaldare il forno a 200°C. Spennellare l'interno di un forno olandese con un filo d'olio d'oliva. mettere da parte. Tagliate la cipolla a metà nel senso della lunghezza, eliminate la buccia e poi tagliatela a fette spesse circa mezzo centimetro. Nella casseruola, unire l'olio d'oliva rimanente, la cipolla e il peperoncino chipotle. Coprire e cuocere per 20 minuti. Scoprire e lasciare raffreddare per circa 20 minuti.

4. Metti le cipolle raffreddate in un sacchetto di alluminio per griglia o avvolgi le cipolle in un foglio di alluminio a doppio spessore. Forare la parte superiore della pellicola in più punti con uno spiedino.

5. Per una griglia a carbone, disporre i carboni medio-caldi attorno alla griglia. Prova a vedere se il calore al centro della griglia è medio. Posizionare il pacchetto al centro della griglia. Coprire e

grigliare fino a quando la cipolla sarà morbida e ambrata, circa 45 minuti. (Per una griglia a gas, preriscaldare la griglia. Ridurre il calore a medio. Impostare sulla cottura indiretta. Posizionare l'involucro sul fornello spento. Coprire e grigliare come indicato.)

6. Rimuovere le bistecche dalla marinata; Scartare la marinata. Per una griglia a carbone o a gas, posizionare le bistecche direttamente sulla griglia a fuoco medio. Coprire e grigliare per 8-10 minuti o fino a quando un termometro a lettura istantanea inserito orizzontalmente nelle polpette registra 135 ° F, girando una volta. Disporre le bistecche su un piatto, coprire leggermente con un foglio di alluminio e lasciare riposare per 10 minuti.

7. Per servire, dividere la salsa tra quattro piatti da portata. Disporre una bistecca su ogni piatto e guarnire con un mucchio di cipolle caramellate. Servire immediatamente.

Istruzioni: l'insalata di salsa può essere preparata e conservata in frigorifero fino a 4 ore prima di servire.

RIBEYES ALLA GRIGLIA CON ERBA CIPOLLINA E BURRO ALL'AGLIO

PREPARAZIONI:10 minuti Cottura: 12 minuti Raffreddamento: 30 minuti Grigliatura: 11 minuti Resa: 4 porzioni

IL CALORE DELLE BISTECCHE DIRETTAMENTE ALLA GRIGLIA LE SCIOGLIEI CUMULI DI CIPOLLE CARAMELLATE, AGLIO ED ERBE AROMATICHE SOSPESI IN UNA MISCELA AROMATICA DI OLIO DI COCCO E OLIO D'OLIVA.

- 2 cucchiai di olio di cocco non raffinato
- 1 cipolla piccola, tagliata a metà e affettata molto sottilmente (circa ¾ di tazza)
- 1 spicchio d'aglio, affettato molto sottilmente
- 2 cucchiai di olio extra vergine di oliva
- 1 cucchiaio di prezzemolo fresco tritato
- 2 cucchiaini di timo fresco tritato, rosmarino e/o origano
- 4 bistecche ribeye da 8-10 once, tagliate spesse 1 pollice
- ½ cucchiaino di pepe nero appena macinato

1. Sciogliere l'olio di cocco in una padella media a fuoco basso. Aggiungi le cipolle; Cuocere da 10 a 15 minuti o fino a quando leggermente colorato, mescolando di tanto in tanto. Aggiungi l'aglio; Cuocere fino a quando le cipolle saranno dorate, mescolando di tanto in tanto, altri 2 o 3 minuti.

2. Metti il composto di cipolle in una piccola ciotola. Mescolare l'olio d'oliva, il prezzemolo e il timo. Conservare in frigorifero senza coperchio per 30 minuti o fino a quando il composto sarà abbastanza solido da restare unito una volta versato, mescolando di tanto in tanto.

3. Nel frattempo, cospargere le bistecche con pepe. Per una griglia a carbone o a gas, posizionare le bistecche direttamente sulla

griglia a fuoco medio. Coprire e grigliare per 11-15 minuti per una cottura media (145 °F) o da 14 a 18 minuti per una cottura media (160 °F), girando una volta a metà del tempo di cottura.

4. Per servire, posizionare ogni bistecca su un piatto da portata. Distribuire immediatamente il composto di cipolle in modo uniforme sulle bistecche.

INSALATA DI RIBEYE CON BARBABIETOLE GRIGLIATE

PREPARAZIONI: 20 minuti Tempo di grigliatura: 55 minuti Tempo di riposo: 5 minuti Resa: 4 porzioni

IL SAPORE TERROSO DELLA BARBABIETOLA ROSSA SI SPOSA MERAVIGLIOSAMENTE CON LA DOLCEZZA DELLE ARANCE E LE NOCI PECAN TOSTATE AGGIUNGONO UN PO' DI MORDENTE A QUESTA INSALATA DI PORTATA PRINCIPALE, PERFETTA DA MANGIARE ALL'APERTO IN UNA CALDA SERATA ESTIVA.

- 1 libbra di barbabietole dorate medie e/o rosse, sbucciate, pulite e tagliate a spicchi
- 1 cipolla piccola, tagliata a spicchi sottili
- 2 rametti di timo fresco
- 1 cucchiaio di olio extra vergine di oliva
- Pepe nero spezzato
- 2 bistecche ribeye disossate da 8 once, tagliate spesse ¾ di pollice
- 2 spicchi d'aglio, dimezzati
- 2 cucchiai di spezie mediterranee (vedi Ricetta)
- 6 tazze di verdure miste
- 2 arance, sbucciate, divise e tritate grossolanamente
- ½ tazza di noci pecan tritate e tostate (vedi Mancia)
- ½ tazza di vinaigrette leggera agli agrumi (vedi Ricetta)

1. Metti le barbabietole, le cipolle e i rametti di timo in un foglio di alluminio. Irrorare l'olio e mescolare per unire; Spolverare leggermente con pepe nero macinato. Per una griglia a carbone o a gas, posizionare la padella al centro della griglia. Coprire e grigliare per 55-60 minuti o fino a quando saranno teneri quando forati con un coltello, mescolando di tanto in tanto.

2. Nel frattempo, strofinare entrambi i lati delle bistecche con gli spicchi d'aglio affettati; Cospargere con spezie mediterranee.

3. Spostare le barbabietole dal centro della griglia per fare spazio alle bistecche. Grigliare le bistecche direttamente a fuoco medio. Coprire e grigliare per 11-15 minuti per una cottura media (145 °F) o da 14 a 18 minuti per una cottura media (160 °F), girando una volta a metà del tempo di cottura. Rimuovere la teglia e le bistecche dalla griglia. Lascia riposare le bistecche per 5 minuti. Togliere i rametti di timo dal foglio di alluminio.

4. Tagliare la bistecca diagonalmente in pezzetti sottili. Dividere le verdure in quattro piatti da portata. Completare con bistecca a fette, barbabietole, spicchi di cipolla, arance tritate e noci pecan. Condire con la vinaigrette leggera agli agrumi.

COSTOLETTE ALLA COREANA CON CAVOLO ALLO ZENZERO SALTATO

PREPARAZIONI:50 minuti Preparazione: 25 minuti Cottura: 10 ore Raffreddamento: tutta la notte Confezione: 4 porzioni

ASSICURATI CHE IL COPERCHIO DEL TUO FORNO OLANDESE SIA CHIUSOSIA BEN STRETTO IN MODO CHE IL LIQUIDO DI COTTURA NON EVAPORI ATTRAVERSO LO SPAZIO TRA IL COPERCHIO E LA PENTOLA DURANTE IL TEMPO DI BRASATURA MOLTO LUNGO.

- 1 oncia di funghi shiitake secchi
- 1½ dl di cipolline tritate
- 1 pera asiatica, sbucciata, senza torsolo e tritata
- 1 pezzo di zenzero fresco da 3 pollici, sbucciato e tritato
- 1 peperoncino serrano, tritato finemente (senza semi se lo si desidera) (vediMancia)
- 5 spicchi d'aglio
- 1 cucchiaio di olio di cocco raffinato
- 5 libbre di manzo con osso
- Pepe nero appena macinato
- 4 tazze di brodo di manzo (vediRicetta) o brodo di carne senza sale aggiunto
- 2 dl di funghi shiitake freschi a fette
- 1 cucchiaio di buccia d'arancia grattugiata finemente
- ⅓ tazza di succo fresco
- Ciotola di zenzero saltato (vediRicetta, sotto)
- Buccia d'arancia grattugiata finemente (facoltativa)

1. Preriscaldare il forno a 180°C. Metti i funghi shiitake secchi in una piccola ciotola; Aggiungi abbastanza acqua bollente da coprire. Lasciare in posa per circa 30 minuti o fino a quando sarà idratato e morbido. Scolare e riservare il liquido di ammollo. Tritare finemente il fungo. Metti i funghi in una piccola ciotola;

coprire e conservare in frigorifero fino al momento del passaggio 4. Metti da parte i funghi e il liquido.

2. Per preparare la salsa, unisci lo scalogno, la pera asiatica, lo zenzero, il serrano, l'aglio e i funghi messi da parte in un robot da cucina. Coprire e mescolare fino a che liscio. Metti da parte la salsa.

3. Scaldare l'olio di cocco in un forno olandese da 6 litri a fuoco medio-alto. Cospargere le costolette con pepe nero appena macinato. Friggere le costolette in porzioni nell'olio di cocco caldo per circa 10 minuti o fino a quando saranno ben dorate su tutti i lati, girandole a metà cottura. Riporta tutte le costole nella pentola; Aggiungere la salsa e il brodo di ossa di manzo. Copri il forno olandese con un coperchio aderente. Cuocere per circa 10 ore o fino a quando la carne sarà molto tenera e si staccherà dall'osso.

4. Rimuovere con attenzione le costole dalla salsa. Metti le costolette e la salsa in contenitori separati. Coprire e conservare in frigorifero durante la notte. Una volta raffreddata, eliminare il grasso dalla superficie della salsa e scartarla. Portare a ebollizione la salsa a fuoco vivace; Aggiungere i funghi ammollati del passaggio 1 e i funghi freschi. Cuocere dolcemente per 10 minuti per ridurre la salsa ed intensificare i sapori. Rimetti le costolette nella salsa. Lasciar cuocere a fuoco lento finché non sarà completamente riscaldato. Mescolare 1 cucchiaio di scorza d'arancia e il succo d'arancia. Servire con un piatto di zenzero saltato. Se lo si desidera, cospargere con ulteriore buccia d'arancia.

Ciotola di zenzero saltato: scaldare 1 cucchiaio di olio di cocco raffinato in una padella capiente a fuoco medio-alto.

Aggiungere 2 cucchiai di zenzero fresco tritato; 2 spicchi d'aglio, tritati; e peperoncino tritato a piacere. Cuocere e mescolare finché non diventa fragrante, circa 30 secondi. Aggiungere 6 tazze di napa grattugiata, verza o cavolo riccio e 1 pera asiatica sbucciata, senza torsolo e affettata sottilmente. Cuocere e mescolare fino a quando il cavolo appassisce leggermente e la pera si ammorbidisce, 3 minuti. Mescolare ½ tazza di succo di mela non zuccherato. Coprire e cuocere fino a quando il cavolo sarà tenero, circa 2 minuti. Mescolare ½ tazza di cipolle verdi affettate e 1 cucchiaio di semi di sesamo.

COSTOLETTE DI MANZO CON GREMOLATA DI FINOCCHI E AGRUMI

PREPARAZIONI:40 minuti Grigliatura: 8 minuti Cottura lenta: 9 ore (bassa) o 4 ore e mezza (alta) Resa: 4 porzioni

LA GREMOLATA È UNA MISCELA DELIZIOSAPREZZEMOLO, AGLIO E SCORZA DI LIMONE SONO COSPARSI SULL'OSSO BUCCO - IL CLASSICO PIATTO ITALIANO DI COSCIOTTO DI VITELLO BRASATO - PER ESALTARNE IL SAPORE RICCO E SAPORITO. L'AGGIUNTA DI BUCCIA D'ARANCIA E FOGLIE DI FINOCCHIO FRESCHE E LEGGERE COME UNA PIUMA FA LO STESSO PER QUESTE TENERE COSTOLETTE DI MANZO.

COSTOLA
- Costolette corte con osso da 2½ a 3 libbre
- 3 cucchiai di condimento alle erbe di limone (vedi Ricetta)
- 1 bulbo di finocchio medio
- 1 cipolla grande, tagliata a spicchi grandi
- 2 tazze di brodo di manzo (vedi Ricetta) o brodo di carne senza sale aggiunto
- 2 spicchi d'aglio, dimezzati

ZUCCA FRITTA
- 3 cucchiai di olio extra vergine di oliva
- 1 libbra di zucca, sbucciata, senza semi e tagliata a pezzi da ½ pollice (circa 2 tazze)
- 4 cucchiaini di timo fresco tritato
- Olio extravergine d'oliva

GREMOLATA
- ¼ di tazza di prezzemolo fresco tritato
- 2 cucchiai di aglio tritato finemente
- 1 cucchiaino e mezzo di scorza di limone grattugiata finemente
- 1 cucchiaino e mezzo di buccia d'arancia grattugiata finemente

1. Cospargere le costolette con il condimento alle erbe e limone; Strofina leggermente la carne con le dita; mettere da parte. Rimuovere le foglie dal finocchio; Mettere da parte per la Gremolata di finocchi e agrumi. Tagliate il bulbo del finocchio e tagliatelo in quarti.

2. Per una griglia a carbone, posizionare i carboni medio-caldi su un lato della griglia. Prova la temperatura media sul lato della griglia senza carboni. Posizionare le costolette sulla griglia dal lato non carbonizzato. Metti i quarti di finocchio e gli spicchi di cipolla sulla griglia direttamente sopra la brace. Coprire e grigliare per 8-10 minuti o fino a quando le verdure e le costolette saranno appena dorate, girando una volta a metà del tempo di cottura. (Per una griglia a gas, preriscaldare la griglia, ridurre la fiamma a media. Impostare sulla cottura indiretta. Posizionare le costolette sulla griglia sopra il fornello spento; posizionare i finocchi e le cipolle sulla griglia sopra il fornello acceso. Coprire e grigliare come indicato.) Quando sono abbastanza freddi da poter essere maneggiati, tritare grossolanamente il finocchio e la cipolla.

3. Unisci finocchi e cipolle tritati, brodo di manzo e aglio in una pentola a cottura lenta da 5-6 litri. Aggiungi le costole. Coprire e cuocere a fuoco basso per 9-10 ore o a fuoco alto per 4½-5 ore. Usando una schiumarola, trasferisci le costolette su un piatto. Coprire con un foglio di alluminio per mantenerlo al caldo.

4. Nel frattempo, per la zucca, scalda 3 cucchiai di olio in una padella capiente a fuoco medio-alto. Aggiungi la zucca e 3 cucchiaini di timo e mescola per ricoprire la zucca. Disporre la zucca nella padella in un unico strato e cuocere, senza mescolare, per circa 3 minuti o fino a doratura sul fondo. Capovolgi i pezzi di zucca;

cuocere altri 3 minuti o finché l'altro lato non sarà dorato. Ridurre il calore al minimo. coprire e cuocere da 10 a 15 minuti o fino a quando saranno teneri. Cospargere con 1 cucchiaino rimanente di timo fresco; Condire con olio extra vergine di oliva.

5. Per la gremolata, tritare finemente le fronde di finocchio tenute da parte per formare un quarto di tazza. In una piccola ciotola, unire le foglie di finocchio tritate, il prezzemolo, l'aglio, la scorza di limone e la scorza d'arancia.

6. Distribuire la gremolata sulle costolette. Servire con la zucca.

BISTECCHE ALLA SVEDESE CON INSALATA DI SENAPE, ANETO E CETRIOLI

PREPARAZIONI: 30 minuti Preparazione: 15 minuti si ottiene: 4 porzioni

IL MANZO ALLA LINDSTRÖM È UN HAMBURGER SVEDESETRADIZIONALMENTE COSPARSO DI CIPOLLE, CAPPERI E BARBABIETOLE SOTT'ACETO, IL PIATTO VIENE SERVITO CON SALSA E SENZA PANINO. QUESTA VERSIONE INFUSA DI PIMENTO SOSTITUISCE LE BARBABIETOLE ARROSTITE CON BARBABIETOLE SOTTACETO SALATE E CAPPERI ED È CONDITA CON UN UOVO FRITTO.

INSALATA DI CETRIOLI
- 2 cucchiaini di succo d'arancia fresco
- 2 cucchiaini di aceto di vino bianco
- 1 cucchiaino di senape di Digione (vedi Ricetta)
- 1 cucchiaio di olio extra vergine di oliva
- 1 grande cetriolo senza semi (inglese), sbucciato e affettato
- 2 cucchiai di cipolle verdi affettate
- 1 cucchiaio di aneto fresco tritato

POLPETTE DI MANZO
- 1 libbra di carne macinata
- ¼ tazza di cipolla tritata finemente
- 1 cucchiaio di senape di Digione (vedi Ricetta)
- ¾ cucchiaino di pepe nero
- ½ cucchiaino di pimento macinato
- ½ rapa piccola, arrostita, sbucciata e tagliata a dadini sottili*
- 2 cucchiai di olio extra vergine di oliva
- ½ tazza di brodo di manzo (vedi Ricetta) o brodo di carne senza sale aggiunto
- 4 uova grandi

1 cucchiaio di erba cipollina tritata finemente

1. Per preparare l'insalata di cetrioli, mescolare insieme il succo d'arancia, l'aceto e la senape di Digione in una ciotola capiente. Aggiungere lentamente l'olio d'oliva a filo e mescolare finché il condimento non si addensa leggermente. Aggiungi cetriolo, scalogno e aneto; mescolare fino a quando non sarà ben combinato. Coprire e conservare in frigorifero fino al momento di servire.

2. Per preparare le polpette di manzo, unisci la carne macinata, le cipolle, la senape di Digione, il pepe e il pimento in una grande ciotola. Aggiungere le barbabietole arrostite e mescolare delicatamente fino a incorporarle uniformemente nella carne. Formare il composto in quattro polpette spesse ½ pollice.

3. Scaldare 1 cucchiaio di olio d'oliva in una padella capiente a fuoco medio. Arrostire le bistecche per circa 8 minuti o finché non saranno colorate all'esterno e cotte (160°), girandole una volta. Disporre le bistecche su un piatto e coprirle leggermente con un foglio di alluminio per mantenerle calde. Aggiungere il brodo di manzo e mescolare per raschiare i pezzetti dorati dal fondo della padella. Cuocere per circa 4 minuti o finché non si sarà ridotto della metà. Irrorare le bistecche con il sugo ridotto della padella e coprire nuovamente senza stringere.

4. Risciacqua la padella e asciugala con un tovagliolo di carta. Scaldare 1 cucchiaio di olio d'oliva rimanente a fuoco medio. Friggere le uova in olio bollente per 3-4 minuti, fino a quando gli albumi saranno cotti ma i tuorli rimarranno morbidi e liquidi.

5. Metti un uovo su ogni polpetta di manzo. Cospargere con erba cipollina e servire con insalata di cetrioli.

*Suggerimento: per arrostire la barbabietola, strofinala bene e coprila con un foglio di alluminio. Versarci sopra un po' di olio d'oliva. Avvolgere nella pellicola e chiudere ermeticamente. Cuocete in forno a 180°C per circa 30 minuti o fino a quando una forchetta penetrerà facilmente nelle barbabietole. Lasciare raffreddare; rimuovere la pelle. (Le barbabietole possono essere arrostite fino a 3 giorni prima. Avvolgere strettamente le barbabietole arrostite sbucciate e conservare in frigorifero.)

HAMBURGER DI MANZO IMBASTITO SU RUCOLA CON RADICI ARROSTITE

PREPARAZIONI:40 minuti Cottura: 35 minuti Arrosto: 20 minuti Resa: 4 porzioni

CI SONO MOLTI ELEMENTIA QUESTI SOSTANZIOSI HAMBURGER - CHE RICHIEDONO UN PO' DI TEMPO PER ESSERE PREPARATI - MA L'INCREDIBILE COMBINAZIONE DI SAPORI VALE LO SFORZO: UN HAMBURGER CARNOSO È CONDITO CON CIPOLLE CARAMELLATE E SALSA DI FUNGHI E SERVITO CON VERDURE DOLCI ARROSTITE E RUCOLA PEPATA.

- 5 cucchiai di olio extra vergine di oliva
- 2 tazze di funghi champignon freschi, cremini e/o shiitake affettati
- 3 cipolle gialle, affettate sottili*
- 2 cucchiaini di semi di cumino
- 3 carote, sbucciate e tagliate a pezzi da 1 pollice
- 2 pastinache, sbucciate e tagliate a pezzi da 1 pollice
- 1 zucca ghianda, tagliata a metà, senza semi e tagliata a spicchi
- Pepe nero appena macinato
- 2 libbre di carne macinata
- ½ tazza di cipolla tritata finemente
- 1 cucchiaio di miscela di condimenti multiuso senza sale
- 2 tazze di brodo di manzo (vedi<u>Ricetta</u>) o brodo di carne senza sale aggiunto
- ¼ di tazza di succo di mela non zuccherato
- Da 1 a 2 cucchiai di sherry secco o aceto di vino bianco
- 1 cucchiaio di senape di Digione (vedi<u>Ricetta</u>)
- 1 cucchiaio di foglie di timo fresco tritate
- 1 cucchiaio di foglie di prezzemolo fresco tritato
- 8 dl di foglie di rucola

1. Preriscaldare il forno a 200°C (425°F). Per preparare la salsa, scaldare 1 cucchiaio di olio d'oliva in una padella capiente a fuoco medio-alto. Aggiungi i funghi; cuocere e mescolare finché non sarà ben colorato e morbido, circa 8 minuti. Usando una schiumarola, trasferisci i funghi in un piatto. Rimetti la padella sul fuoco. Ridurre il calore a medio. Aggiungere il restante 1 cucchiaio di olio d'oliva, la cipolla affettata e i semi di cumino. Coprire e cuocere per 20-25 minuti o fino a quando le cipolle saranno molto morbide e ben dorate, mescolando di tanto in tanto. (Regolare il calore secondo necessità per evitare che le cipolle brucino.)

2. Nel frattempo, per le verdure a radice arrostite, disporre le carote, le pastinache e la zucca su una grande teglia da forno. Condire con 2 cucchiai di olio d'oliva e spolverare con pepe a piacere; mescolare per ricoprire le verdure. Arrostire per 20-25 minuti o fino a quando saranno teneri e inizieranno a dorare, girando una volta a metà del tempo di tostatura. Tenete le verdure in caldo fino al momento di servire.

3. Per gli hamburger, unisci la carne macinata, le cipolle tritate finemente e la miscela di spezie in una ciotola capiente. Dividere il composto di carne in quattro parti uguali e formare delle polpette spesse circa 3/4 di pollice. Scaldare 1 cucchiaio di olio d'oliva rimanente in una padella molto grande a fuoco medio-alto. Aggiungi l'hamburger alla padella; Cuocere per circa 8 minuti o fino a cottura completa su entrambi i lati, girando una volta. Disporre gli hamburger su un piatto.

4. Aggiungi le cipolle caramellate, i funghi messi da parte, il brodo di manzo, il succo di mela, lo sherry e la senape di Digione nella padella e mescola. Rimettete gli hamburger nella padella.

Lascialo sobbollire. Cuocere fino alla cottura degli hamburger (160 ° F), circa 7-8 minuti. Se lo si desidera, aggiungere timo fresco, prezzemolo e pepe.

5. Per servire, disporre 2 tazze di rucola su ciascuno dei quattro piatti da portata. Distribuire le verdure arrostite sulle insalate e completare con gli hamburger. Distribuire generosamente il composto di cipolle sugli hamburger.

*Consiglio: una mandolina è molto utile se vuoi tagliare le cipolle a fettine sottili.

HAMBURGER DI MANZO ALLA GRIGLIA CON POMODORINI IN CROSTA DI SESAMO

PREPARAZIONI:Lasciare riposare per 30 minuti: Grigliare per 20 minuti: 10 minuti Resa: 4 porzioni

FETTE DI POMODORO CROCCANTI E DORATE CON CROSTA DI SESAMOQUESTI HAMBURGER AFFUMICATI RAPPRESENTANO IL TRADIZIONALE PANINO AI SEMI DI SESAMO. SERVITELI CON COLTELLO E FORCHETTA.

Fette di pomodoro rosse o verdi spesse 4 ½ pollici*
1¼ libbra di carne macinata magra
1 cucchiaio di spezie affumicate (vediRicetta)
1 uovo grande
¾ tazza di farina di mandorle
¼ tazza di semi di sesamo
¼ cucchiaino di pepe nero
1 cipolla rossa piccola, tagliata a metà e affettata
1 cucchiaio di olio extra vergine di oliva
¼ di tazza di olio di cocco raffinato
1 piccolo cespo di lattuga Bibb
Ketchup Paleo (vediRicetta)
Senape alla Digione (vediRicetta)

1. Disporre le fette di pomodoro su un doppio strato di carta da cucina. Coprire i pomodori con un altro doppio strato di carta assorbente. Premere leggermente sulla carta assorbente per far aderire i pomodori. Lasciare riposare a temperatura ambiente per 20-30 minuti per consentire l'assorbimento di parte del succo di pomodoro.

2. Nel frattempo, in una ciotola capiente, mescolare la carne macinata e le spezie affumicate. Formare quattro polpette spesse ½ pollice.

3. Sbattere leggermente l'uovo in una ciotola poco profonda con una forchetta. In un'altra ciotola poco profonda, mescolare insieme la farina di mandorle, i semi di sesamo c il pepe. Immergi ogni fetta di pomodoro nell'uovo e gira la pelliccia. Scolare l'uovo in eccesso. Immergere ogni fetta di pomodoro nella miscela di farina di mandorle e mescolare per ricoprire. Disporre i pomodorini ricoperti su un piatto piano; mettere da parte. Condire le fette di cipolla con olio d'oliva; Metti le fette di cipolla in un cestello per griglia.

4. Per una griglia a carbone o a gas, posizionare le cipolle nel cestello e le polpette di manzo sulla griglia a fuoco medio. Coprire e grigliare per 10-12 minuti, oppure le cipolle saranno dorate e leggermente carbonizzate e le bistecche saranno cotte (160°), mescolando di tanto in tanto le cipolle e girando le bistecche una volta.

5. Nel frattempo, scalda l'olio in una padella capiente a fuoco medio-alto. Aggiungi le fette di pomodoro; Cuocere da 8 a 10 minuti o fino a doratura, girando una volta. (Se i pomodori si stanno dorando troppo velocemente, ridurre il fuoco a medio-basso. Aggiungere ulteriore olio se necessario.) Scolare su un piatto rivestito di carta assorbente.

6. Per servire, dividere l'insalata in quattro piatti da portata. Completare con tortino, cipolle, ketchup Paleo, senape alla Digione e pomodori in crosta di sesamo.

*Nota: probabilmente avrai bisogno di 2 pomodori grandi. Se usate pomodori rossi, scegliete pomodori appena maturi ma ancora leggermente sodi.

HAMBURGER SU SPIEDO CON SALSA BABA GHANOUSH

BAGNATO:15 minuti preparazione: 20 minuti grigliatura: 35 minuti resa: 4 porzioni

BABA GHANOUSH È UNA CREMA MEDIORIENTALEA BASE DI PUREA DI MELANZANE GRIGLIATE AFFUMICATE CON OLIO D'OLIVA, LIMONE, AGLIO E TAHINI, UNA PASTA A BASE DI SEMI DI SESAMO MACINATI. UN PIZZICO DI SEMI DI SESAMO VA BENE, MA SE TRASFORMATI IN UN OLIO O IN UNA PASTA, DIVENTANO UNA FONTE CONCENTRATA DI ACIDO LINOLEICO, CHE PUÒ CONTRIBUIRE ALL'INFIAMMAZIONE. IL BURRO DI PINOLI UTILIZZATO QUI È UN BUON SOSTITUTO.

4 pomodori secchi

1½ libbra di carne macinata magra

3 o 4 cucchiai di cipolle tritate finemente

1 cucchiaio di origano fresco tritato finemente e/o menta fresca tritata finemente o ½ cucchiaino di origano secco, tritato

¼ di cucchiaino di pepe di cayenna

Salsa Baba Ghanoush (vediRicetta, sotto)

1. Immergere otto spiedini di legno da 10 pollici in acqua per 30 minuti. Nel frattempo, versate l'acqua bollente sui pomodori in una piccola ciotola. Lasciare agire per 5 minuti per idratare. Scolate i pomodori e asciugateli con carta assorbente.

2. Unisci i pomodori tritati, la carne macinata, le cipolle, l'origano e il pepe di cayenna in una ciotola capiente. Dividere il composto di carne in otto porzioni; Arrotolare ciascuna porzione in una palla. Rimuovere gli spiedini dall'acqua; asciugare. Mettete una pallina su uno spiedino e formate un lungo ovale attorno allo spiedo. Inizia appena sotto la punta appuntita, lasciando

abbastanza spazio all'altra estremità per contenere lo spiedo. Ripeti con gli spiedini e le palline rimanenti.

3. Per una griglia a carbone o a gas, posizionare gli spiedini di manzo su una griglia direttamente a fuoco medio. Coprire e grigliare per circa 6 minuti o fino a cottura (160 ° F), girando una volta a metà del tempo di cottura. Servire con salsa baba ghanoush.

Baba Ghanoush Dip: bucherellare due melanzane di medie dimensioni in più punti con una forchetta. Per una griglia a carbone o a gas, posiziona le melanzane direttamente su una griglia a fuoco medio. Coprire e grigliare per 10 minuti o finché non sarà carbonizzato su tutti i lati, girando più volte durante la grigliatura. Togliere le melanzane e avvolgerle con cura nella pellicola. Rimetti le melanzane avvolte sulla griglia, ma non direttamente sulla brace. Coprire e grigliare finché non sarà appassito e molto tenero, altri 25-35 minuti. Freddo. Tagliare a metà le melanzane e raschiare la polpa; Metti la carne in un robot da cucina. Aggiungere ¼ di tazza di burro di pinoli (vedi_Ricetta_); ¼ tazza di succo di limone fresco; 2 spicchi d'aglio, tritati; 1 cucchiaio di olio extra vergine di oliva; 2 o 3 cucchiai di prezzemolo fresco tritato; e ½ cucchiaino di cumino macinato. Coprire e lavorare fino a ottenere un composto quasi liscio. Se la salsa è troppo densa per essere inzuppata, aggiungete abbastanza acqua per raggiungere la consistenza desiderata.

PEPERONI RIPIENI AFFUMICATI

PREPARAZIONI:20 minuti Cottura: 8 minuti Cottura: 30 minuti Resa: 4 porzioni

RENDILO UNO DEI PREFERITI DELLA FAMIGLIACON UN MIX DI PEPERONI COLORATI PER UN PIATTO D'EFFETTO. I POMODORI ARROSTITI AL FUOCO SONO UN OTTIMO ESEMPIO DI COME AGGIUNGERE BUON SAPORE AL CIBO IN MODO SANO. IL SEMPLICE PROCESSO DI CARBONIZZAZIONE LEGGERA DEI POMODORI (SENZA SALE) PRIMA DELL'INSCATOLAMENTO NE ESALTA IL SAPORE.

- 4 peperoni grandi verdi, rossi, gialli e/o arancioni
- 1 libbra di carne macinata
- 1 cucchiaio di spezie affumicate (vediRicetta)
- 1 cucchiaio di olio extra vergine di oliva
- 1 cipolla gialla piccola, tritata
- 3 spicchi d'aglio, tritati
- 1 piccola testa di cavolfiore privata dei semi e divisa in cimette
- 1 lattina da 15 once senza sale aggiunto pomodori arrostiti a dadini, scolati
- ¼ di tazza di prezzemolo fresco tritato finemente
- ½ cucchiaino di pepe nero
- ⅛ cucchiaino di pepe di cayenna
- ½ tazza di copertura di briciole di noci (vediRicetta, sotto)

1. Preriscaldare il forno a 180°C. Tagliare a metà i peperoni verticalmente. Rimuovere steli, semi e membrane; scartare. Metti da parte le metà del peperone.

2. Metti la carne macinata in una ciotola media; Cospargere con spezie affumicate. Mescolare delicatamente le spezie nella carne con le mani.

3. Scaldare l'olio d'oliva in una padella capiente a fuoco medio. Aggiungi carne, cipolla e aglio; cuocere fino a quando la carne sarà rosolata e la cipolla sarà tenera, mescolando con un cucchiaio di legno per allentare la carne. Togli la padella dal fuoco.

4. Lavorare le cimette di cavolfiore in un robot da cucina fino a tritarle molto finemente. (Se non hai un robot da cucina, grattugia il cavolfiore su una grattugia.) Misura 3 tazze di cavolfiore. Aggiungere il composto di carne macinata nella teglia. (Se è rimasto del cavolfiore, conservalo per un altro uso.) Mescolare i pomodori sgocciolati, il prezzemolo, il pepe nero e il pepe di cayenna.

5. Farcire le metà dei peperoni con il composto di carne macinata, riempiendo leggermente e continuando ancora un po'. Metti le metà dei peperoni ripieni in una teglia. Cuocere in forno per 30-35 minuti o fino a quando i peperoni saranno croccanti.* Completare con le briciole di noci. Se lo desiderate potete rimetterlo in forno per 5 minuti prima di servirlo per ottenere una copertura croccante.

Guarnizione con mollica di noci: scaldare 1 cucchiaio di olio extra vergine di oliva in una padella media a fuoco medio-alto. Mescolare 1 cucchiaino di timo secco, 1 cucchiaino di paprika affumicata e ¼ di cucchiaino di aglio in polvere. Aggiungere 1 tazza di noci tritate molto finemente. Cuocere e mescolare per circa 5 minuti o fino a quando le noci saranno dorate e leggermente tostate. Mescolare un pizzico o due di pepe di cayenna. Lasciare raffreddare completamente. Conservare la copertura rimanente in un contenitore ermetico in frigorifero fino al momento dell'uso. Fa 1 tazza.

*Nota: se si utilizzano peperoni verdi, cuocere per altri 10 minuti.

HAMBURGER DI BISONTE CON CIPOLLE CABERNET E RUCOLA

PREPARAZIONI: 30 minuti cottura: 18 minuti grigliatura: 10 minuti resa: 4 porzioni

IL BISONTE HA UN CONTENUTO DI GRASSI MOLTO BASSO E CUOCE DAL 30 AL 50% PIÙ VELOCEMENTE DELLA CARNE DI MANZO. LA CARNE MANTIENE IL SUO COLORE ROSSO DOPO LA COTTURA, QUINDI IL COLORE NON È UN INDICATORE DI COTTURA. POICHÉ IL BISONTE È COSÌ MAGRO, NON DOVREBBE ESSERE COTTO A UNA TEMPERATURA INTERNA SUPERIORE A 155°F.

2 cucchiai di olio extra vergine di oliva
2 grandi cipolle dolci, affettate sottilmente
¾ tazza di Cabernet Sauvignon o altro vino rosso secco
1 cucchiaino di spezie mediterranee (vedi Ricetta)
¼ di tazza di olio extra vergine di oliva
¼ di tazza di aceto balsamico
1 cucchiaio di scalogno tritato finemente
1 cucchiaio di basilico fresco tritato
1 piccolo spicchio d'aglio, tritato finemente
Bisonte macinato da 1 libbra
¼ di tazza di pesto di basilico (vedi Ricetta)
5 tazze di rucola
Pistacchi crudi, non salati, tostati (vedi Mancia)

1. Scaldare 2 cucchiai di olio in una padella capiente a fuoco medio-alto. Aggiungi le cipolle. Coprire e cuocere per 10-15 minuti o fino a quando la cipolla sarà morbida, mescolando di tanto in tanto. Scoprire; cuocere e mescolare a fuoco medio-alto fino a quando le cipolle saranno dorate, da 3 a 5 minuti. Aggiungi vino; Cuocere per circa 5 minuti o fino a quando la maggior

parte del vino sarà evaporata. Cospargere con spezie mediterranee; tenere caldo.

2. Nel frattempo, per preparare la vinaigrette, unisci ¼ di tazza di olio d'oliva, aceto, scalogno, basilico e aglio in un barattolo con tappo a vite. Coprire e agitare bene.

3. Mescolare il bisonte leggermente macinato e il pesto di basilico in una ciotola capiente. Modellare leggermente il composto di carne in quattro polpette spesse ¾ di pollice.

4. Se usi una griglia a carbone o a gas, posiziona le bistecche su una griglia leggermente unta direttamente a fuoco medio. Coprire e grigliare fino alla cottura desiderata (145 ° F per una cottura media o 155 ° F per una cottura media), circa 10 minuti, girando una volta a metà del tempo di cottura.

5. Metti la rucola in una ciotola capiente. Condire la vinaigrette sulla rucola; Mescolare per ricoprire. Per servire, dividere le cipolle in quattro piatti da portata; Completa ciascuno con un hamburger di bisonte. Ricoprire gli hamburger con la rucola e spolverizzare con i pistacchi.

POLPETTONE DI BISONTE E AGNELLO SU BIETOLE E PATATE DOLCI

PREPARAZIONI:1 ora Cottura: 20 minuti Cottura: 1 ora Riposo: 10 minuti Quantità: 4 porzioni

QUESTO È IL COMFORT FOOD VECCHIO STILECON UN TOCCO MODERNO. UNA SALSA IN PADELLA A BASE DI VINO ROSSO CONFERISCE AL POLPETTONE UNA SFERZATA DI SAPORE, MENTRE LA PUREA DI BIETOLE E PATATE DOLCI CON CREMA DI ANACARDI E OLIO DI COCCO OFFRE UN NUTRIMENTO INCREDIBILE.

- 2 cucchiai di olio d'oliva
- 1 dl di funghi cremini tritati finemente
- ½ tazza di cipolla rossa tritata finemente (1 media)
- ½ tazza di sedano tritato finemente (1 gambo)
- ⅓ tazza di carota tritata finemente (1 piccola)
- ½ mela piccola, senza torsolo, sbucciata e tritata
- 2 spicchi d'aglio, tritati
- ½ cucchiaino di spezie mediterranee (vedi<u>Ricetta</u>)
- 1 uovo grande, leggermente sbattuto
- 1 cucchiaio di salvia fresca tritata
- 1 cucchiaio di timo fresco tritato
- 8 once di bisonte macinato
- 8 once di agnello o manzo macinato
- ¾ bicchiere di vino rosso secco
- 1 scalogno medio, tritato finemente
- ¾ tazza di brodo di manzo (vedi<u>Ricetta</u>) o brodo di carne senza sale aggiunto
- Purea di patate dolci (vedi<u>Ricetta</u>, sotto)
- Bietola all'aglio (vedi<u>Ricetta</u>, sotto)

1. Preriscaldare il forno a 180°C. Scaldare l'olio in una padella capiente a fuoco medio. Aggiungi funghi, cipolle, sedano e

carote; cuocere e mescolare fino a quando le verdure saranno tenere, circa 5 minuti. Ridurre il calore al minimo. aggiungere la mela grattugiata e l'aglio. Coprire e cuocere fino a quando le verdure saranno molto tenere, circa 5 minuti. Togliere dal fuoco; Mescolare le spezie mediterranee.

2. Usando una schiumarola, trasferisci il composto di funghi in una ciotola capiente, conservando i residui nella padella. Incorporate le uova, la salvia e il timo. Aggiungere il bisonte macinato e l'agnello tritato; mescolare leggermente. Versare il composto di carne in una teglia rettangolare da 2 litri. Forma in un rettangolo di 7×4 pollici. Cuocere per circa 1 ora o fino a quando un termometro a lettura istantanea registra 155 ° F. Lasciare riposare per 10 minuti. Disporre con attenzione il polpettone su un piatto da portata. Coprire e tenere al caldo.

3. Per preparare la salsa in padella, raschiare il sugo e i pezzi dorati e croccanti dalla teglia e trasferirli nel sugo nella padella. Aggiungere il vino e lo scalogno. Portare a ebollizione a fuoco medio; cuocere fino a ridurlo della metà. Aggiungere il brodo di manzo; cuocere e mescolare fino a ridurlo della metà. Togli la padella dal fuoco.

4. Per servire, dividere la purea di patate dolci in quattro piatti da portata. Completare con un po' di bietola all'aglio. Polpettone a fette; Disporre le fette sulla bietola all'aglio e condire con la salsa in padella.

Purea di patate dolci: sbucciare e tritare grossolanamente 4 patate dolci di media grandezza. In una pentola capiente, cuocere le patate in abbondante acqua bollente per 15 minuti o finché saranno tenere; drenare. Schiacciare con uno schiacciapatate. Aggiungere ½ tazza di crema di anacardi (vedi Ricetta) e 2 cucchiai di olio di cocco non raffinato; frullare fino a formare una massa liscia. Tenere caldo.

Bietole all'aglio: rimuovere ed eliminare i gambi da 2 mazzi di bietole. Tritare grossolanamente le foglie. Scaldare 2 cucchiai di olio d'oliva in una padella capiente a fuoco medio-alto. Aggiungere la bietola e 2 spicchi d'aglio tritati; cuocere finché la bietola non appassisce, mescolando di tanto in tanto con le pinze.

SALSA DI MELE E RIBES, POLPETTE DI BISONTE CON PAPPARDELLE DI ZUCCHINE

PREPARAZIONI:25 minuti Cottura: 15 minuti Cottura: 18 minuti
Quantità: 4 porzioni

LE POLPETTE RISULTERANNO MOLTO MOLLICCEQUANDO LI MODELLI. PER EVITARE CHE IL COMPOSTO DI CARNE SI ATTACCHI ALLE MANI, TENETE A PORTATA DI MANO UNA CIOTOLA CON ACQUA FREDDA E BAGNATEVI LE MANI DI TANTO IN TANTO MENTRE LAVORATE. CAMBIATE PIÙ VOLTE L'ACQUA MENTRE PREPARATE LE POLPETTE.

RUMORE
- olio d'oliva
- ½ dl di cipolla rossa tritata grossolanamente
- 2 spicchi d'aglio, tritati
- 1 uovo, leggermente sbattuto
- ½ tazza di funghi e gambi tritati finemente
- 2 cucchiai di prezzemolo fresco italiano (a foglia piatta) tritato
- 2 cucchiaini di olio d'oliva
- Bisonte macinato da 1 libbra (macinato grossolano se disponibile)

SALSA DI MELE E RIBES
- 2 cucchiai di olio d'oliva
- 2 grandi mele Granny Smith, sbucciate, senza torsolo e tritate finemente
- 2 scalogni, tritati
- 2 cucchiai di succo di limone fresco
- ½ tazza di brodo di ossa di pollo (vediRicetta) o brodo di pollo senza sale aggiunto
- 2 o 3 cucchiai di ribes essiccato

PAPPARDELLE ALLE ZUCCHINE
6 zucchine
2 cucchiai di olio d'oliva
¼ tazza di cipolle verdi tritate finemente
½ cucchiaino di peperoncino rosso tritato
2 spicchi d'aglio, tritati

1. Per le polpette, preriscaldare il forno a 180°C. Rivestire leggermente una teglia cerchiata con olio d'oliva; mettere da parte. Unisci la cipolla e l'aglio in un robot da cucina o in un frullatore. Frullare fino a formare un composto liscio. Trasferisci il composto di cipolle in una ciotola media. Aggiungi uova, funghi, prezzemolo e 2 cucchiaini di olio; Mescolare per unire. Aggiungi bisonte macinato; Mescolare leggermente ma bene. Dividere il composto di carne in 16 porzioni; formare delle polpette. Disporre le polpette equamente distanziate sulla teglia preparata. Cuocere 15 minuti; mettere da parte.

2. Per preparare la salsa, scalda 2 cucchiai di olio in una padella a fuoco medio. Aggiungi mele e scalogno; Cuocere e mescolare fino a quando sarà molto morbido, da 6 a 8 minuti. Mescolare il succo di limone. Metti il composto in un robot da cucina o in un frullatore. Coprire ed elaborare o frullare fino a che liscio; nuovamente nella padella. Mescolare il brodo di ossa di pollo e il ribes. Cucinare; Ridurre il calore. Cuocere a fuoco lento scoperto per 8-10 minuti, mescolando spesso. Aggiungi le polpette; cuocere e mescolare a fuoco basso finché non sarà completamente riscaldato.

3. Nel frattempo tagliate le estremità delle zucchine per realizzare le pappardelle. Utilizzando una mandolina o un pelapatate molto affilato, tagliate le zucchine a listarelle sottili. (Per mantenere intatti i nastri, smetti di raderti quando raggiungi i semi al

centro della zucca.) Scalda 2 cucchiai di olio a fuoco medio-alto in una padella molto grande. Mescolare le cipolle verdi, il peperoncino tritato e l'aglio; cuocere e mescolare per 30 secondi. Aggiungere i nastri di zucchine. Cuocere, mescolando delicatamente, fino ad appassimento, circa 3 minuti.

4. Per servire, dividete le pappardelle su quattro piatti da portata. Completare con le polpette e la salsa di mele e ribes.

BOLOGNESE DI BISONTE E FUNGHI PORCINI CON SPAGHETTI DI ZUCCA ALL'AGLIO ARROSTITI

PREPARAZIONI:30 minuti Preparazione: 1 ora e 30 minuti Cottura: 35 minuti Per confezioni: 6 porzioni

QUANDO PENSAVI DI AVER MANGIATOIL TUO ULTIMO PIATTO DI SPAGHETTI AL RAGÙ DOPO AVER ADOTTATO LA PALEO DIET®, RIPENSACI. QUESTA RICCA BOLOGNESE CON AGLIO, VINO ROSSO E FUNGHI PORCINI TERROSI È PIENA DI FILI DI ZUCCA DOLCI E SALATI. NON TI MANCHERÀ NEANCHE UN PO' LA PASTA.

1 oncia di funghi porcini secchi
1 dl di acqua bollente
3 cucchiai di olio extra vergine di oliva
Bisonte macinato da 1 libbra
1 tazza di carote tritate finemente (2)
½ tazza di cipolla tritata (1 media)
½ tazza di sedano tritato finemente (1 gambo)
4 spicchi d'aglio, tritati
3 cucchiai di passata di pomodoro senza sale
½ bicchiere di vino rosso
2 lattine da 15 once di pomodori tritati non salati
1 cucchiaino di origano secco, tritato
1 cucchiaino di timo secco, tritato
½ cucchiaino di pepe nero
1 zucca spaghetti media (da 2½ a 3 libbre)
1 cipolla aglio

1. In una piccola ciotola, unisci i funghi porcini e l'acqua bollente. Lasciare riposare 15 minuti. Filtrare attraverso un colino rivestito con una garza di cotone 100%, conservando il liquido di ammollo. Tritare i funghi; Imposta la pagina.

2. Scaldare 1 cucchiaio di olio d'oliva a fuoco medio-alto in un forno olandese da 4-5 litri. Aggiungere carne di bisonte macinata, carote, cipolle, sedano e aglio. Cuocere fino a quando la carne sarà rosolata e le verdure saranno tenere, mescolando con un cucchiaio di legno per allentare la carne. Aggiungere la passata di pomodoro; cuocere e mescolare 1 minuto. Aggiungi vino rosso; cuocere e mescolare 1 minuto. Mescolare i funghi porcini, i pomodori, l'origano, il timo e il pepe. Aggiungi il liquido dei funghi messo da parte, facendo attenzione a non aggiungere sabbia o sabbia che potrebbero trovarsi sul fondo della ciotola. Portare a ebollizione, mescolando di tanto in tanto; Ridurre il calore al minimo. Coprire e cuocere a fuoco lento per 1 ora e mezza o 2 ore o fino a raggiungere la consistenza desiderata.

3. Nel frattempo preriscaldare il forno a 180°C. Dimezzare la zucca nel senso della lunghezza; Raschiare i semi. Metti le metà della zucca, con la parte tagliata rivolta verso il basso, in una grande teglia. Bucherellare la pelle con una forchetta. Tagliare il mezzo pollice superiore della testa dell'aglio. Tagliate l'aglio a pezzetti e aggiungetelo nella pirofila con la zucca. Irrorare il restante 1 cucchiaio di olio d'oliva sopra. Cuocere per 35-45 minuti o fino a quando la zucca e l'aglio saranno morbidi.

4. Usando un cucchiaio e una forchetta, rimuovi e sminuzza la polpa di zucca da ciascuna metà di zucca. Mettetela in una ciotola e coprite per mantenerla al caldo. Quando l'aglio è abbastanza freddo da poter essere maneggiato, spremete la parte inferiore del bulbo per rimuovere gli spicchi. Schiacciare gli spicchi d'aglio con una forchetta. Mescolare l'aglio schiacciato nella zucca e distribuire uniformemente l'aglio. Per servire, versare la salsa sul composto di zucca.

BISONTE CHILI CON CARNE

PREPARAZIONI: 25 minuti   Cottura: 1 ora e 10 minuti   Per: 4 porzioni

CIOCCOLATO NON ZUCCHERATO, CAFFÈ E CANNELLA RENDI QUESTO PREFERITO SALATO PIÙ INTERESSANTE. SE VUOI UN SAPORE AFFUMICATO ANCORA PIÙ FORTE, SOSTITUISCI LA PAPRIKA NORMALE CON 1 CUCCHIAIO DI PAPRIKA AFFUMICATA DOLCE.

- 3 cucchiai di olio extra vergine di oliva
- Bisonte macinato da 1 libbra
- ½ tazza di cipolla tritata (1 media)
- 2 spicchi d'aglio, tritati
- 2 lattine da 14,5 once di pomodori a cubetti senza sale aggiunto, non sgocciolati
- 1 lattina da 6 once di concentrato di pomodoro senza sale
- 1 tazza di brodo di manzo (vedi Ricetta) o brodo di carne senza sale aggiunto
- ½ tazza di caffè forte
- 2 once di pennini di cacao al 99%, tritati
- 1 cucchiaio di paprika
- 1 cucchiaino di cumino macinato
- 1 cucchiaino di origano secco
- 1 cucchiaino e mezzo di spezie affumicate (vedi Ricetta)
- ½ cucchiaino di cannella in polvere
- ⅓ tazza di pepita
- 1 cucchiaino di olio d'oliva
- ½ tazza di crema di anacardi (vedi Ricetta)
- 1 cucchiaino di succo di lime fresco
- ½ tazza di foglie di coriandolo fresco
- 4 spicchi di lime

1. Scaldare 3 cucchiai di olio d'oliva in un forno olandese a fuoco medio. Aggiungi carne di bisonte macinata, cipolla e aglio;

cuocere circa 5 minuti o fino a quando la carne sarà dorata, mescolando con un cucchiaio di legno per allentare la carne. Incorporare i pomodori sgocciolati, la passata di pomodoro, il brodo di manzo, il caffè, il cioccolato da forno, la paprika, il cumino, l'origano, 1 cucchiaino di spezie affumicate e la cannella. Cucinare; Ridurre il calore. Coprire e cuocere a fuoco lento per 1 ora, mescolando di tanto in tanto.

2. Nel frattempo, in una padella piccola, tostare le pepitas in 1 cucchiaino di olio d'oliva a fuoco medio finché non iniziano a scoppiare e diventano dorate. Metti le pepitas in una piccola ciotola; aggiungere il restante ½ cucchiaino di condimento affumicato; Mescolare per ricoprire.

3. In una piccola ciotola, unisci la crema di anacardi e il succo di lime.

4. Per servire, versare il peperoncino nelle ciotole. Porzioni superiori con crema di anacardi, pepitas e coriandolo. Servire con spicchi di lime.

BISTECCHE DI BISONTE SPEZIATE MAROCCHINE CON LIMONI GRIGLIATI

PREPARAZIONI:10 minuti per grigliare: 10 minuti per una resa: 4 porzioni

SERVI QUESTE BISTECCHE COTTE VELOCEMENTECON FRESCA E CROCCANTE INSALATA DI CAROTE SPEZIATA (VEDI<u>RICETTA</u>). SE HAI VOGLIA DI QUALCOSA DI GUSTOSO, PROVA L'ANANAS GRIGLIATO CON CREMA AL COCCO (VEDI<u>RICETTA</u>) SAREBBE UNA BUONA CONCLUSIONE DEL PASTO.

2 cucchiai di cannella in polvere

2 cucchiai di paprica

1 cucchiaio di aglio in polvere

¼ di cucchiaino di pepe di cayenna

4 bistecche di filetto mignon di bisonte da 6 once, tagliate da ¾ a 1 pollice di spessore

2 limoni, dimezzati orizzontalmente

1. Mescola insieme cannella, paprika, aglio in polvere e pepe di cayenna in una piccola ciotola. Asciugare le bistecche con carta assorbente. Strofina entrambi i lati delle bistecche con la miscela di spezie.

2. Se si utilizza una griglia a carbone o a gas, posizionare le bistecche direttamente sulla griglia a fuoco medio. Coprire e grigliare per 10-12 minuti a cottura media (145 °F) o 12-15 minuti a cottura media (155 °F), girando una volta a metà del tempo di cottura. Nel frattempo, posizionate le metà del limone tagliate verso il basso sulla griglia. Grigliare per 2 o 3 minuti o fino a quando saranno leggermente carbonizzati e succosi.

3. Servire con metà di limone grigliate e spremute sulle bistecche.

BISTECCA DI BISONTE STROFINATA CON ERBE DI PROVENZA

PREPARAZIONI:15 minuti Cottura: 15 minuti Arrosto: 1 ora e 15 minuti Riposo: 15 minuti Per: 4 porzioni

LE ERBE DI PROVENZA SONO UNA MISCELAERBE ESSICCATE CHE CRESCONO IN ABBONDANZA NEL SUD DELLA FRANCIA. LA MISCELA SOLITAMENTE CONTIENE UNA COMBINAZIONE DI BASILICO, SEMI DI FINOCCHIO, LAVANDA, MAGGIORANA, ROSMARINO, SALVIA, SANTOREGGIA E TIMO. AGGIUNGE UN SAPORE MERAVIGLIOSO A QUESTO ARROSTO MOLTO AMERICANO.

1 bistecca di controfiletto di bisonte da 3 libbre
3 cucchiai di erbe di Provenza
4 cucchiai di olio extra vergine di oliva
3 spicchi d'aglio, tritati
4 pastinache piccole, sbucciate e tritate
2 pere mature, private del torsolo e tritate
½ tazza di nettare di pera non zuccherato
1 o 2 cucchiaini di timo fresco

1. Preriscaldare il forno a 180°C. Eliminare il grasso dall'arrosto. In una piccola ciotola, unisci le erbe di Provenza, 2 cucchiai di olio d'oliva e l'aglio; Strofinatelo su tutto l'arrosto.

2. Metti la bistecca su una griglia in una teglia poco profonda. Inserisci un termometro da forno al centro dell'arrosto.* Arrostisci senza coperchio per 15 minuti. Ridurre la temperatura del forno a 300 ° F. Arrostire per altri 60-65 minuti o finché il termometro per carne non registra 140 ° F (mediamente cotta). Coprire con pellicola e lasciare riposare per 15 minuti.

3. Nel frattempo, scalda i restanti 2 cucchiai di olio d'oliva in una padella capiente a fuoco medio-alto. Aggiungi pastinaca e pere; Cuocere per 10 minuti o fino a quando le pastinache saranno croccanti, mescolando di tanto in tanto. Aggiungi il nettare di pera; Cuocere per circa 5 minuti o fino a quando la salsa si sarà leggermente addensata. Cospargere il timo sopra.

4. Tagliare la bistecca a fette sottili lungo la grana. Servire la carne con pastinaca e pere.

*Suggerimento: il bisonte è molto magro e cuoce più velocemente del manzo. Inoltre, il colore della carne è più rosso di quello del manzo, quindi non puoi fare affidamento su un segnale visivo per determinare la cottura. Per sapere quando la carne è pronta è necessario un termometro per carne. Un termometro da forno è l'ideale, ma non necessario.

COSTOLETTE DI BISONTE BRASATE AL CAFFÈ CON GREMOLATA AL MANDARINO E PUREA DI SEDANO RAPA

PREPARAZIONI: 15 minuti Preparazione: 2 ore e 45 minuti Confezione: 6 porzioni

LE COSTOLETTE DI BISONTE SONO GRANDI E CARNOSE. PER DIVENTARE TENERI DEVONO ESSERE COTTI A LUNGO NEL LIQUIDO. LA GREMOLATA DI SCORZE DI MANDARINO RAVVIVA IL SAPORE DI QUESTO PIATTO SAPORITO.

MARINATA
- 2 tazze d'acqua
- 3 tazze di caffè forte, freddo
- 2 tazze di succo di mandarino fresco
- 2 cucchiai di rosmarino fresco tritato
- 1 cucchiaino di pepe nero macinato grossolanamente
- 4 libbre di costolette di bisonte, incidendo tra le costole per separarle

BRASARE
- 2 cucchiai di olio d'oliva
- 1 cucchiaino di pepe nero
- 2 dl di cipolla tritata
- ½ dl di scalogno tritato
- 6 spicchi d'aglio, tritati
- 1 peperoncino jalapeño, senza semi e tritato (vedi Mancia)
- 1 tazza di caffè forte
- 1 tazza di brodo di manzo (vedi Ricetta) o brodo di carne senza sale aggiunto
- ¼ di tazza di ketchup Paleo (vedi Ricetta)
- 2 cucchiai di senape di Digione (vedi Ricetta)
- 3 cucchiai di aceto di mele

Polpa di sedano (vedi Ricetta, sotto)
Gremolata al mandarino (vedi Ricetta, Giusto)

1. Per preparare la marinata, unire acqua, caffè freddo, succo di mandarino, rosmarino e pepe nero in un contenitore grande e non reattivo (vetro o acciaio inossidabile). Aggiungi le costole. Se necessario, posizionate un piatto sopra le costine per tenerle sommerse. Coprire e conservare in frigorifero per 4-6 ore, muovendo e mescolando una volta.

2. Per brasare, preriscaldare il forno a 180°C. Scolare le costole e riservare la marinata. Asciugare le costolette con carta assorbente. Scaldare l'olio d'oliva in un grande forno olandese a fuoco medio-alto. Condire le costolette con pepe nero. Cuocere le costolette in gruppi finché non saranno dorate su tutti i lati, circa 5 minuti per gruppo. Trasferire su un piatto grande.

3. Aggiungi la cipolla, lo scalogno, l'aglio e il jalapeño nella pentola. Ridurre il fuoco a medio, coprire e cuocere fino a quando le verdure saranno tenere, mescolando di tanto in tanto, per circa 10 minuti. Aggiungere caffè e brodo; mescolare, raschiando eventuali pezzetti dorati. Aggiungere il ketchup Paleo, la senape di Digione e l'aceto. Cucinare. Aggiungi le costole. Coprire e mettere in forno. Cuocere fino a quando la carne sarà tenera, circa 2 ore e 15 minuti, mescolando delicatamente e riorganizzando le costole una o due volte.

4. Trasferisci le costolette su un piatto. Tenda con pellicola per stare al caldo. Cucchiaio di grasso dalla superficie della salsa. Cuocere la salsa fino a ridurla a 2 tazze, circa 5 minuti. Dividere il risma di sedano in 6 piatti; Completare con le costolette e la salsa. Cospargere con la gremolata al mandarino.

Purè di sedano rapa: in una pentola capiente, unire 1,5 kg di radice di sedano, sbucciata e tagliata in pezzi da 2,5 cm, e 4 tazze di brodo di ossa di pollo (vedi [Ricetta](#)) o brodo di pollo non salato. Cucinare; Ridurre il calore. Scolare la radice di sedano e riservare il brodo. Aggiungi la radice di sedano nella padella. Aggiungere 1 cucchiaio di olio d'oliva e 2 cucchiaini di timo fresco tritato. Schiacciare il sedano rapa con lo schiacciapatate e aggiungere qualche cucchiaio di brodo quanto basta per ottenere la consistenza desiderata.

Gremolata al mandarino: mescolare ½ tazza di prezzemolo fresco tritato, 2 cucchiai di buccia di mandarino tritata finemente e 2 spicchi d'aglio tritati in una piccola ciotola.

BRODO DI OSSA DI MANZO

PREPARAZIONI: 25 minuti Arrosto: 1 ora Cottura: 8 ore Per: da 8 a 10 tazze

DALLE CODE DI BUE OSSUTE SI OTTIENE UN BRODO ESTREMAMENTE RICCOCHE PUÒ ESSERE UTILIZZATO IN QUALSIASI RICETTA CHE RICHIEDA BRODO DI MANZO - O SEMPLICEMENTE GUSTATO COME STIMOLANTE IN UNA TAZZA IN QUALSIASI MOMENTO DELLA GIORNATA. ANCHE SE ORIGINARIAMENTE PROVENIVANO DAI BUOI, OGGI LE CODE DI BUE PROVENGONO DA UN ANIMALE DA CARNE.

5 carote, tritate grossolanamente
5 gambi di sedano, tritati grossolanamente
2 cipolle gialle, non sbucciate, tagliate a metà
8 once di funghi bianchi
1 cipolla aglio, non sbucciata, tagliata a metà
2 libbre di ossa di coda di bue o di manzo
2 pomodori
12 dl di acqua fredda
3 foglie di alloro

1. Preriscaldare il forno a 400 ° F. Disporre le carote, il sedano, le cipolle, i funghi e l'aglio su una teglia larga o poco profonda. Metti le ossa sopra le verdure. Frullare i pomodori in un robot da cucina fino a ottenere un composto liscio. Distribuire i pomodori sulle ossa in modo che siano coperti (non c'è problema se un po' di purea cola sulla padella e sulle verdure). Arrostire per 1 ora o 1 ora e mezza o fino a quando le ossa diventano marroni e le verdure caramellate. Metti le ossa e le verdure in un forno olandese da 10-12 litri o in una pentola. (Se parte del composto di pomodoro si caramella sul fondo della padella, aggiungi 1 tazza di acqua calda nella padella,

raschiando eventuali pezzetti. Versa il liquido sulle ossa e sulle verdure, riducendo la quantità di acqua di 1 tazza.) Aggiungilo aggiunto freddo. Acqua e foglie di alloro.

2. Portare lentamente la miscela a ebollizione a fuoco medio-alto. Ridurre il calore; Coprire e cuocere a fuoco lento il brodo per 8-10 ore, mescolando di tanto in tanto.

3. Filtrare il brodo; Eliminare ossa e verdure. Brodo fresco; Trasferire il brodo in un contenitore e conservare in frigorifero per un massimo di 5 giorni; congelare fino a 3 mesi.*

Istruzioni per la cottura lenta: per una pentola a cottura lenta da 6 a 8 quart, utilizzare 1 libbra di ossa di manzo, 3 carote, 3 gambi di sedano, 1 cipolla gialla e 1 spicchio d'aglio. Passare 1 pomodoro e strofinarlo sulle cosce. Arrostire come indicato, quindi aggiungere le ossa e le verdure nella pentola a cottura lenta. Raschiare i pomodori caramellati come indicato e aggiungerli alla pentola a cottura lenta. Aggiungi abbastanza acqua da coprire. Coprire e cuocere a fuoco vivace finché il brodo non arriva a ebollizione, circa 4 ore. Ridurre il calore al minimo; Cuocere per 12-24 ore. Filtrare il brodo; Eliminare ossa e verdure. Conservare come indicato.

*Suggerimento: per facilitare la scrematura del brodo, conservarlo in frigorifero in un contenitore coperto per tutta la notte. Il grasso risale verso l'alto e forma uno strato solido facile da raschiare. Dopo il raffreddamento, il brodo può addensarsi.

SPALLA DI MAIALE TUNISINA SPEZIATA CON PATATE DOLCI PICCANTI

PREPARAZIONI:25 minuti Arrosto: 4 ore Cottura: 30 minuti Resa: 4 porzioni

QUESTO È UN OTTIMO PIATTO DA PREPARAREUNA FRESCA GIORNATA AUTUNNALE. LA CARNE ARROSTISCE NEL FORNO PER ORE, LASCIANDO LA TUA CASA CON UN PROFUMO MERAVIGLIOSO E LIBERANDOTI PER ALTRE COSE. LE PATATE DOLCI AL FORNO NON RISULTANO CROCCANTI COME LE PATATE BIANCHE, MA SONO DELIZIOSE A MODO LORO, SOPRATTUTTO SE IMMERSE NELLA MAIONESE ALL'AGLIO.

CARNE DI MAIALE
- 1 arrosto di coscia di maiale da 2½ a 3 libbre
- 2 cucchiaini di peperoncino macinato
- 2 cucchiaini di cumino macinato
- 1 cucchiaino di semi di cumino, leggermente schiacciati
- 1 cucchiaino di coriandolo macinato
- ½ cucchiaino di curcuma macinata
- ¼ cucchiaino di cannella in polvere
- 3 cucchiai di olio d'oliva

PATATINE FRITTE
- 4 patate dolci medie (circa 2 libbre), sbucciate e tagliate a spicchi spessi ½ pollice
- ½ cucchiaino di peperoncino rosso tritato
- ½ cucchiaino di cipolla in polvere
- ½ cucchiaino di aglio in polvere
- olio d'oliva
- 1 cipolla, affettata sottilmente
- Paleo Aïoli (maionese all'aglio) (vediRicetta)

1. Preriscaldare il forno a 180°C. Rimuovere il grasso dalla carne. Unisci peperoncini rossi macinati, cumino macinato, cumino, coriandolo, curcuma e cannella in una piccola ciotola. Cospargere la carne con una miscela di spezie; Strofina uniformemente la carne con le dita.

2. Scaldare 1 cucchiaio di olio d'oliva a fuoco medio-alto in un forno olandese da 5-6 litri. Friggere la carne di maiale in olio bollente su tutti i lati. Coprire e arrostire fino a quando la carne diventa molto tenera e il termometro per carne registra 190 ° F, circa 4 ore. Togli la Dutch Oven dal forno. Lascia riposare coperto mentre prepari le patate dolci e le cipolle, conservando 1 cucchiaio di grasso nel forno olandese.

3. Aumentare la temperatura del forno a 400°F. Per preparare le patate dolci fritte, unisci le patate dolci, i restanti 2 cucchiai di olio d'oliva, il peperoncino tritato, la cipolla in polvere e l'aglio in polvere in una grande ciotola. Mescolare per ricoprire. Fodera una teglia grande o due piccole con un foglio di alluminio; Spennellare con ulteriore olio d'oliva. Disporre le patate dolci in un unico strato sulle teglie preparate. Cuocere per circa 30 minuti o fino a quando saranno tenere, girando le patate dolci una volta a metà cottura.

4. Nel frattempo, togliere la carne dal forno olandese; Coprire con un foglio di alluminio per mantenerlo al caldo. Scolare i gocciolamenti e riservare 1 cucchiaio di grasso. Riporta il grasso riservato nel forno olandese. Aggiungi la cipolla; Cuocere a fuoco medio per circa 5 minuti o finché saranno teneri, mescolando di tanto in tanto.

5. Trasferisci la carne di maiale e le cipolle su un piatto da portata. Usando due forchette, tagliare la carne di maiale a strisce larghe. Servire carne di maiale e patatine fritte con Paleo Aïoli.

SPALLA DI MAIALE ALLA GRIGLIA CUBANA

PREPARAZIONI:15 minuti Marinatura: 24 ore Grigliatura: 2 ore e 30 minuti Riposo: 10 minuti Per: da 6 a 8 porzioni

CONOSCIUTO COME "LECHON ASADO" NEL SUO PAESE D'ORIGINE,QUESTO ARROSTO DI MAIALE VIENE MARINATO IN UNA COMBINAZIONE DI SUCCHI DI AGRUMI FRESCHI, SPEZIE, PEPERONCINO TRITATO E UNO SPICCHIO D'AGLIO INTERO TRITATO. CUOCERLO SUI CARBONI ARDENTI DOPO UNA NOTTE NELLA MARINATA GLI CONFERISCE UN SAPORE ECCEZIONALE.

- 1 spicchio d'aglio, separato, sbucciato e tritato
- 1 dl di cipolla tritata grossolanamente
- 1 tazza di olio d'oliva
- 1⅓ tazza di succo di lime fresco
- ⅔ tazza di succo d'arancia fresco
- 1 cucchiaio di cumino macinato
- 1 cucchiaio di origano secco, tritato
- 2 cucchiaini di pepe nero appena macinato
- 1 cucchiaino di peperoncino rosso tritato
- 1 arrosto di spalla di maiale disossata da 4 a 5 libbre

1. Per la marinata, dividere lo spicchio d'aglio in spicchi. Mondate e tritate finemente gli spicchi; Mettere in una grande ciotola. Aggiungere cipolla, olio d'oliva, succo di lime, succo d'arancia, cumino, origano, pepe nero e peperoncino tritato. Mescolare bene e mettere da parte.

2. Usando un coltello per disossare, forare tutta la carne di maiale fritta. Immergere con cura la bistecca nella marinata, immergendola il più possibile nel liquido. Copri bene la ciotola

con la pellicola trasparente. Marinare in frigorifero per 24 ore, girando una volta.

3. Rimuovere la carne di maiale dalla marinata. Versare la marinata in una casseruola media. Cucinare; Lasciamo cuocere per 5 minuti. Toglietelo dal fuoco e lasciatelo raffreddare. Mettere da parte.

4. Su una griglia a carbone, disporre i carboni medio-caldi attorno a una leccarda. Prova ad assicurarti che la padella sia a fuoco medio. Disporre la carne sulla griglia sopra la leccarda. Coprire e arrostire per 2 ore e mezza o 3 ore o finché un termometro a lettura istantanea inserito al centro dell'arrosto non registra 140 ° F. (Per una griglia a gas, preriscaldare la griglia. Ridurre il calore a medio. Impostare sulla cottura indiretta. Posizionare la carne sulla griglia sopra il bruciatore spento. Coprire e grigliare come indicato.) Rimuovere la carne dalla griglia. Coprire leggermente con un foglio di alluminio e lasciare riposare per 10 minuti prima di tagliare o estrarre.

ARROSTO DI MAIALE STROFINATO CON SPEZIE E VERDURE ITALIANE

PREPARAZIONI:20 minuti Tostatura: 2 ore e 25 minuti Riposo: 10 minuti Resa: 8 porzioni

"FRESCO È MEGLIO" È UN BUON MANTRAQUANDO SI TRATTA DI CUCINARE, DA SEGUIRE PER LA MAGGIOR PARTE DEL TEMPO. MA LE ERBE ESSICCATE SONO MOLTO ADATTE PER STROFINARE LA CARNE. QUANDO LE ERBE VENGONO ESSICCATE, I LORO SAPORI SI CONCENTRANO. QUANDO ENTRANO IN CONTATTO CON L'UMIDITÀ DELLA CARNE, RILASCIANO I LORO SAPORI NELLA CARNE, COME IN QUESTO ARROSTO ALL'ITALIANA CON PREZZEMOLO, FINOCCHIO, ORIGANO, AGLIO E PEPERONCINO TRITATO PICCANTE.

- 2 cucchiai di prezzemolo secco, tritato
- 2 cucchiai di semi di finocchio, tritati
- 4 cucchiaini di origano secco, tritato
- 1 cucchiaino di pepe nero appena macinato
- ½ cucchiaino di peperoncino rosso tritato
- 4 spicchi d'aglio, tritati
- 1 arrosto di coscia di maiale con osso da 4 libbre
- 1 o 2 cucchiai di olio d'oliva
- 1¼ tazza d'acqua
- 2 cipolle medie, sbucciate e tagliate a spicchi
- 1 bulbo grande di finocchio, pulito, privato dei semi e tagliato a spicchi
- 2 libbre di cavoletti di Bruxelles

1. Preriscaldare il forno a 180°C. In una piccola ciotola, unire il prezzemolo, i semi di finocchio, l'origano, il pepe nero, il peperoncino tritato e l'aglio. mettere da parte. Se necessario, legare insieme l'arrosto di maiale. Rimuovere il grasso dalla

carne. Strofinare la carne su tutti i lati con la miscela di spezie. Se necessario, legare nuovamente la bistecca per tenerla unita.

2. Scaldare l'olio in un forno olandese a fuoco medio-alto. Friggere la carne su tutti i lati nell'olio caldo. Eliminare il grasso. Versare l'acqua del forno olandese attorno all'arrosto. Arrosto scoperto per 1 ora e mezza. Distribuire le cipolle e i finocchi intorno all'arrosto di maiale. Coprire e arrostire per altri 30 minuti.

3. Nel frattempo, mondate i cavoletti di Bruxelles ed eliminate le foglie esterne appassite. Dimezzare i cavoletti di Bruxelles. Aggiungete i cavoletti di Bruxelles nella casseruola e distribuiteli sulle altre verdure. Coprire e arrostire per altri 30-35 minuti, fino a quando le verdure e la carne saranno tenere. Disporre la carne su un piatto da portata e coprire con pellicola. Lasciare in posa 15 minuti prima di tagliare. Versare il fondo di cottura sulle verdure per coprirle. Usando un cucchiaio forato, rimuovi le verdure su un piatto da portata o una ciotola. coprire per stare al caldo.

4. Scremare il grasso dai succhi della padella con un cucchiaio grande. Versare il restante fondo di cottura attraverso un colino. Tagliare il maiale a fette, eliminare le ossa. Servire la carne con verdure e sugo.

TALPA DI MAIALE A COTTURA LENTA

PREPARAZIONI:Cuocere lentamente per 20 minuti: da 8 a 10 ore (basso) o da 4 a 5 ore (alto) resa: 8 porzioni

CON CUMINO, CORIANDOLO, ORIGANO, POMODORI, MANDORLE, UVETTA, PEPERONCINO E CIOCCOLATO,QUESTA SALSA RICCA E SAPORITA È DAVVERO POTENTE, IN SENSO MOLTO BUONO. È UN PASTO IDEALE PER INIZIARE LA MATTINA PRIMA DI INIZIARE LA GIORNATA. QUANDO ARRIVI A CASA, LA CENA È QUASI PRONTA E LA TUA CASA HA UN PROFUMO MERAVIGLIOSO.

- 1 arrosto di spalla di maiale disossata da 3 libbre
- 1 dl di cipolla tritata grossolanamente
- 3 spicchi d'aglio, affettati
- 1 tazza e ½ di brodo di manzo (vediRicetta), brodo di ossa di pollo (vediRicetta) oppure brodo di manzo o di pollo senza sale aggiunto
- 1 cucchiaio di cumino macinato
- 1 cucchiaio di coriandolo macinato
- 2 cucchiaini di origano secco, tritato
- 1 lattina da 15 once tagliata a cubetti, pomodori non salati, scolati
- 1 lattina da 6 once di concentrato di pomodoro non salato
- ½ tazza di mandorle a fette, tostate (vediMancia)
- ¼ di tazza di uvetta o ribes dorato non maturo
- 2 once di cioccolato non zuccherato (ad esempio barretta di cacao Scharffen Berger al 99%), tritato grossolanamente
- 1 peperoncino ancho o chipotle intero essiccato
- 2 bastoncini di cannella da 4 pollici
- ¼ tazza di coriandolo fresco tritato
- 1 avocado sbucciato, snocciolato e tagliato a fettine sottili
- 1 lime, tagliato a spicchi

⅓ tazza di semi di zucca verdi tostati e non salati (facoltativo) (vedi Mancia)

1. Eliminare il grasso dall'arrosto di maiale. Se necessario, tagliare la carne per adattarla a una pentola a cottura lenta da 5 a 6 litri. mettere da parte.

2. Unisci la cipolla e l'aglio nella pentola a cottura lenta. In un misurino di vetro da 2 tazze, unisci brodo di manzo, cumino, coriandolo e origano; versare nel fornello. Incorporate i pomodori a dadini, la passata di pomodoro, le mandorle, l'uvetta, il cioccolato, il peperoncino secco e le stecche di cannella. Metti la carne nella pentola. Versarvi sopra un po' del composto di pomodoro. Coprire e cuocere a fuoco basso per 8-10 ore o a fuoco alto per 4-5 ore, fino a quando la carne di maiale sarà tenera.

3. Disporre la carne di maiale su un tagliere; Lasciare raffreddare leggermente. Sminuzzare la carne a listarelle con due forchette. Coprire la carne con un foglio di alluminio e mettere da parte.

4. Rimuovere ed eliminare i peperoncini secchi e i bastoncini di cannella. Usando un cucchiaio grande, scremare il grasso dal composto di pomodoro. Metti il composto di pomodoro in un frullatore o in un robot da cucina. Coprire e frullare o lavorare fino a ottenere un composto quasi liscio. Riporta il maiale stirato e la salsa nella pentola a cottura lenta. Tenere al caldo a fuoco basso fino a 2 ore prima di servire.

5. Aggiungi il coriandolo poco prima di servire. Servire il mole in ciotole e guarnire con fette di avocado, spicchi di lime e, se lo si desidera, semi di zucca.

SPEZZATINO DI MAIALE E ZUCCA SPEZIATO AL CUMINO

PREPARAZIONI:30 minuti Preparazione: 1 ora si ottengono: 4 porzioni

SENAPE PEPATA E ZUCCA BUTTERNUTAGGIUNGI COLORI VIVACI E TUTTA UNA SERIE DI VITAMINE, OLTRE A FIBRE E ACIDO FOLICO, A QUESTO STUFATO CONDITO CON SAPORI DELL'EUROPA ORIENTALE.

- 1 arrosto di spalla di maiale da 1¼ a 1½ libbra
- 1 cucchiaio di paprika
- 1 cucchiaio di semi di cumino, tritati finemente
- 2 cucchiaini di senape secca
- ¼ di cucchiaino di pepe di cayenna
- 2 cucchiai di olio di cocco raffinato
- 8 once di funghi freschi, tagliati a fettine sottili
- 2 gambi di sedano, tagliati trasversalmente a fette spesse 1 pollice
- 1 cipolla rossa piccola, tagliata a spicchi sottili
- 6 spicchi d'aglio, tritati
- 5 tazze di brodo di ossa di pollo (vediRicetta) o brodo di pollo senza sale aggiunto
- 2 tazze di zucca butternut sbucciata e tagliata a dadini
- 3 tazze di senape o cavolo riccio tritato grossolanamente e tagliato
- 2 cucchiai di salvia fresca tritata
- ¼ tazza di succo di limone fresco

1. Rimuovere il grasso dal maiale. Tagliare la carne di maiale a cubetti da 1½ pollice; Mettere in una grande ciotola. In una piccola ciotola, unisci paprika, cumino, senape secca e pepe di cayenna. Cospargere la carne di maiale e mescolare per ricoprirla uniformemente.

2. Scaldare l'olio di cocco a fuoco medio-alto in un forno olandese da 4-5 litri. Aggiungi metà della carne; cuocere fino a doratura,

mescolando di tanto in tanto. Togliere la carne dalla padella. Ripeti con la carne rimanente. Metti da parte la carne.

3. Aggiungi i funghi, il sedano, la cipolla rossa e l'aglio nel forno olandese. Cuocere per 5 minuti, mescolando di tanto in tanto. Riporta la carne nella casseruola. Aggiungere con cautela il brodo di ossa di pollo. Cucinare; Ridurre il calore. Coprire e cuocere a fuoco lento per 45 minuti. Mescolare la zucca. Coprire e cuocere a fuoco lento fino a quando il maiale e la zucca saranno teneri, altri 10-15 minuti. Mescolare la senape e la salvia. Cuocere per 2 o 3 minuti o fino a quando le verdure saranno appena tenere. Mescolare il succo di limone.

CONTROFILETTO RIPIENO DI FRUTTA CON SALSA AL BRANDY

PREPARAZIONI:30 minuti Cottura: 10 minuti Arrosto: 1 ora e 15 minuti Riposo: 15 minuti Resa: da 8 a 10 porzioni

QUESTO ARROSTO ELEGANTE È PERFETTO PERUN'OCCASIONE SPECIALE O UNA RIUNIONE DI FAMIGLIA, SOPRATTUTTO IN AUTUNNO. I SUOI SAPORI – MELE, NOCE MOSCATA, FRUTTA SECCA E NOCI PECAN – CATTURANO L'ESSENZA DI QUESTA STAGIONE. SERVIRE CON PURÈ DI PATATE E MIRTILLI E INSALATA DI CAVOLO ROSSO ARROSTO (VEDI<u>RICETTA</u>).

ARROSTO DI CARNE
- 1 cucchiaio di olio d'oliva
- 2 tazze di mele Granny Smith tritate e sbucciate (circa 2 medie)
- 1 scalogno, tritato finemente
- 1 cucchiaio di timo fresco tritato
- ¾ cucchiaino di pepe nero appena macinato
- ⅛ cucchiaino di noce moscata macinata
- ½ tazza di albicocche secche acerbe tritate
- ¼ di tazza di noci pecan tritate e tostate (vedi<u>Mancia</u>)
- 1 tazza di brodo di ossa di pollo (vedi<u>Ricetta</u>) o brodo di pollo senza sale aggiunto
- 1 bistecca di filetto di maiale disossata da 3 libbre (lombo singolo)

SALSA AL BRANDY
- 2 cucchiai di sidro di mele
- 2 cucchiai di cognac
- 1 cucchiaino di senape di Digione (vedi<u>Ricetta</u>)
- Pepe nero appena macinato

1. Per preparare il ripieno, scaldare l'olio d'oliva in una padella capiente a fuoco medio. Aggiungi mele, scalogno, timo, ¼ di cucchiaino di paprika e noce moscata; Cuocere da 2 a 4 minuti o

fino a quando le mele e gli scalogni saranno morbidi e leggermente dorati, mescolando di tanto in tanto. Mescolare le albicocche, le noci pecan e 1 cucchiaio di brodo. Cuocere senza coperchio per 1 minuto per consentire alle albicocche di ammorbidirsi. Togliere dal fuoco e mettere da parte.

2. Preriscaldare il forno a 180°C. Farfalla l'arrosto di maiale tagliando il centro dell'arrosto nel senso della lunghezza, tagliando fino a ½ pollice dall'altro lato. Stendere l'arrosto. Posiziona il coltello nel taglio a V, ruotalo orizzontalmente su un lato della V e taglia a una distanza di ½ pollice dal lato. Ripetere l'operazione sull'altro lato della V. Distribuire l'arrosto e coprire con pellicola trasparente. Lavorando dal centro verso i bordi, battere la bistecca con un batticarne finché non avrà uno spessore di circa ¾ di pollice. Rimuovere ed eliminare l'involucro di plastica. Distribuire il ripieno sopra l'arrosto. Partendo dal lato corto, arrotolate la bistecca formando una spirale. Legare l'arrosto in più punti con spago da cucina 100% cotone per tenerlo insieme. Cospargere l'arrosto con il rimanente ½ cucchiaino di pepe.

3. Metti la bistecca su una griglia in una teglia poco profonda. Inserisci un termometro da forno al centro dell'arrosto (non del ripieno). Arrostire, scoperto, per 1 ora e 15 minuti a 1 ora e 30 minuti, o finché il termometro non registra 145 ° F. Rimuovere l'arrosto e coprirlo liberamente con un foglio di alluminio; Lasciare riposare per 15 minuti prima di tagliare.

4. Nel frattempo, per preparare la salsa al brandy, unisci il brodo rimanente e il sidro di mele allo sgocciolamento nella padella, mescolando per rimuovere eventuali pezzetti dorati. Filtrare i gocciolamenti in una casseruola media. Cucinare; Cuocere per

circa 4 minuti o fino a quando la salsa si sarà ridotta di un terzo. Aggiungere il brandy e la senape di Digione. Condire con ulteriore pepe a piacere. Servire la salsa con l'arrosto di maiale.

ARROSTO DI MAIALE ALLA PORCHETTA

PREPARAZIONI:15 minuti Marinatura: Durante la notte: 40 minuti Arrosto: 1 ora Resa: 6 porzioni

PORCHETTA ITALIANA TRADIZIONALE(A VOLTE SCRITTO "PORKETTA" IN INGLESE AMERICANO) È UN MAIALINO DISOSSATO RIPIENO DI AGLIO, FINOCCHIO, PEPE ED ERBE COME SALVIA O ROSMARINO, CHE VIENE POI INFILATO SU UNO SPIEDINO E ARROSTITO A LEGNA. DI SOLITO È ANCHE MOLTO SALATO. QUESTA VERSIONE PALEO È SEMPLIFICATA E MOLTO GUSTOSA. SE LO DESIDERI, SOSTITUISCI LA SALVIA CON ROSMARINO FRESCO OPPURE USA UNA MISCELA DI ENTRAMBE LE ERBE.

- 1 bistecca di lombo di maiale disossata da 2 a 3 libbre
- 2 cucchiai di semi di finocchio
- 1 cucchiaino di pepe nero in grani
- ½ cucchiaino di peperoncino rosso tritato
- 6 spicchi d'aglio, tritati
- 1 cucchiaio di buccia d'arancia grattugiata finemente
- 1 cucchiaio di salvia fresca tritata
- 3 cucchiai di olio d'oliva
- ½ dl di vino bianco secco
- ½ tazza di brodo di ossa di pollo (vedi<u>Ricetta</u>) o brodo di pollo senza sale aggiunto

1. Togliere l'arrosto di maiale dal frigorifero; Lasciare riposare a temperatura ambiente per 30 minuti. Nel frattempo, in una padella piccola, tostare i semi di finocchio a fuoco medio-alto, mescolando spesso, fino a quando diventano scuri e profumati, circa 3 minuti. Freddo. Mettilo in un macinaspezie o in un macinacaffè pulito. Aggiungere i grani di pepe e il peperoncino

tritato. Macinare ad una consistenza medio-fine. (Non ridurre in polvere.)

2. Preriscaldare il forno a 180°C. Mescolare le spezie macinate, l'aglio, la scorza d'arancia, la salvia e l'olio d'oliva in una piccola ciotola per formare una pasta. Metti l'arrosto di maiale su una griglia in una piccola teglia. Strofinare il composto sul maiale. (Se lo si desidera, posizionare la carne di maiale condita in una teglia di vetro da 9x13x2 pollici. Coprire con pellicola trasparente e lasciare marinare per una notte in frigorifero. Prima della cottura, posizionare la carne in una teglia e lasciarla riposare a temperatura ambiente per 30 minuti prima della cottura. .)

3. Arrosto di maiale per 1 ora - 1 ora e mezza o finché un termometro a lettura istantanea inserito al centro dell'arrosto non registra 145°F. Metti l'arrosto su un tagliere e coprilo leggermente con un foglio di alluminio. Lasciare riposare per 10-15 minuti prima di tagliare.

4. Nel frattempo, versare il sugo in un misurino. Scremare il grasso dall'alto; mettere da parte. Metti la padella sul fuoco. Versare nella padella il vino e il brodo di ossa di pollo. Portare a ebollizione a fuoco medio-alto, mescolando per raschiare eventuali pezzetti dorati. Cuocere per circa 4 minuti o fino a quando il composto sarà leggermente ridotto. Mescolare i succhi di padella riservati; Fatica. Tagliare il maiale a fette e servire con la salsa.

FILETTO DI MAIALE BRASATO CON TOMATILLO

PREPARAZIONI:40 minuti Arrosto: 10 minuti Cottura: 20 minuti
Arrosto: 40 minuti Arrosto: 10 minuti Per: da 6 a 8 porzioni

I POMODORI HANNO UN RIVESTIMENTO APPICCICOSO E SUCCOSOSOTTO LA LORO PELLE DI CARTA. UNA VOLTA ELIMINATA LA PELLE, SCIACQUATELI VELOCEMENTE SOTTO L'ACQUA CORRENTE E SARANNO PRONTI PER L'USO.

- 1 libbra di pomodori, pelati, scossi e sciacquati
- 4 peperoncini serrano, privati del gambo, dei semi e tagliati a metà (vedi<u>Mancia</u>)
- 2 jalapeños privati del gambo, dei semi e tagliati a metà (vedi<u>Mancia</u>)
- 1 peperone giallo grande, scosso, privato dei semi e tagliato a metà
- 1 peperone arancione grande, senza gambo, senza semi e tagliato a metà
- 2 cucchiai di olio d'oliva
- 1 bistecca di fianco di maiale disossata da 2 a 2½ libbre
- 1 cipolla gialla grande, sbucciata, tagliata a metà e affettata sottilmente
- 4 spicchi d'aglio, tritati
- ¾ tazza d'acqua
- ¼ tazza di succo di lime fresco
- ¼ tazza di coriandolo fresco tritato

1. Riscaldare la griglia alla massima potenza. Foderare una teglia con un foglio di alluminio. Disporre i tomatillos, i peperoncini serrano, i jalapeños e i peperoni sulla teglia preparata. Arrostire le verdure fuori dal fuoco finché non saranno ben carbonizzate, circa 10-15 minuti. Girare di tanto in tanto i tomatillos ed eliminare le verdure carbonizzate. Metti i serranos, i jalapeños e i tomatillos in una ciotola. Disporre i peperoni su un piatto. Metti da parte le verdure a raffreddare.

2. Scaldare l'olio in una padella capiente a fuoco medio-alto finché non diventa luccicante. Asciugare l'arrosto di maiale con carta assorbente pulita e adagiarlo nella teglia. Cuocere fino a quando sarà ben dorata su tutti i lati, girando la bistecca per garantire un colore uniforme. Disporre l'arrosto su un piatto. Ridurre il calore a medio. Aggiungi la cipolla alla padella; cuocere e mescolare fino a doratura, da 5 a 6 minuti. Aggiungi l'aglio; lasciate cuocere ancora 1 minuto. Togli la padella dal fuoco.

3. Preriscaldare il forno a 180°C. Per preparare la salsa di tomatillo, unisci i tomatillos, i serranos e i jalapeños in un robot da cucina o in un frullatore. Coprire e frullare o lavorare fino a che liscio; Aggiungi la cipolla nella padella. Rimetti la padella sul fuoco. Cucinare; Cuocere per 4-5 minuti o fino a quando il composto sarà scuro e denso. Mescolare l'acqua, il succo di lime e il coriandolo.

4. Distribuisci la salsa di tomatillo in una teglia poco profonda o in una teglia rettangolare da 3 litri. Aggiungere l'arrosto di maiale alla salsa. Coprire bene con un foglio di alluminio. Arrostire per 40-45 minuti o finché un termometro a lettura istantanea inserito al centro dell'arrosto non registra 140 ° F.

5. Tagliare i peperoni a listarelle. Mescolare nella salsa di tomatillo nella padella. Tenda sciolta con pellicola; Lasciare riposare per 10 minuti. Tagliare la carne; Mescolare la salsa. Servire le fette di maiale generosamente guarnite con salsa di tomatillo.

FILETTO DI MAIALE RIPIENO DI ALBICOCCHE

PREPARAZIONI:20 minuti Tostatura: 45 minuti Riposo: 5 minuti Resa: da 2 a 3 porzioni

- 2 albicocche fresche medie, tritate grossolanamente
- 2 cucchiai di uvetta non sbiancata
- 2 cucchiai di noci tritate
- 2 cucchiaini di zenzero fresco grattugiato
- ¼ di cucchiaino di cardamomo macinato
- 1 filetto di maiale da 12 once
- 1 cucchiaio di olio d'oliva
- 1 cucchiaio di senape di Digione (vediRicetta)
- ¼ cucchiaino di pepe nero

1. Preriscaldare il forno a 180°C. Fodera una teglia con un foglio; Posizionare una griglia sulla teglia.

2. Mescolare insieme le albicocche, l'uvetta, le noci, lo zenzero e il cardamomo in una piccola ciotola.

3. Incidere il centro del maiale nel senso della lunghezza fino a circa ½ pollice dall'altro lato. Apritelo a farfalla. Metti la carne di maiale tra due strati di pellicola trasparente. Usando il lato piatto di un batticarne, pestare leggermente la carne fino a raggiungere uno spessore di circa mezzo centimetro. Piega la parte posteriore verso l'interno per creare un rettangolo uniforme. Pestate leggermente la carne in modo che si addensi in modo uniforme.

4. Distribuire il composto di albicocche sul maiale. Iniziando dall'estremità più stretta, arrotolare il maiale. Legalo insieme con spago da cucina in cotone 100%, prima al centro, poi a intervalli di 1 pollice. Metti la bistecca sulla griglia.

5. Mescolare l'olio d'oliva e la senape di Digione; Spennellare l'arrosto con esso. Cospargere l'arrosto con pepe. Arrostire per 45-55 minuti o finché un termometro a lettura istantanea inserito al centro dell'arrosto non registra 140 ° F. Lasciare riposare dai 5 ai 10 minuti prima di tagliare.

FILETTO DI MAIALE FRITTO ALLE ERBE CON OLIO CROCCANTE ALL'AGLIO

PREPARAZIONI:15 minuti Arrosto: 30 minuti Cottura: 8 minuti Riposo: 5 minuti Per: 6 porzioni

- ⅓ tazza di senape di Digione (vediRicetta)
- ¼ di tazza di prezzemolo fresco tritato
- 2 cucchiai di timo fresco tritato
- 1 cucchiaio di rosmarino fresco tritato
- ½ cucchiaino di pepe nero
- 2 filetti di maiale da 12 once
- ½ tazza di olio d'oliva
- ¼ di tazza di aglio fresco tritato finemente
- Da ¼ a 1 cucchiaino di peperoncino rosso tritato

1. Preriscaldare il forno a 450 ° F. Fodera una teglia con un foglio; Posizionare una griglia sulla teglia.

2. In una piccola ciotola, mescolare insieme senape, prezzemolo, timo, rosmarino e pepe nero per formare una pasta. Distribuire il composto di senape ed erbe sulla parte superiore e sui lati del maiale. Metti il maiale sulla griglia. Metti l'arrosto nel forno. Ridurre la temperatura a 375°F. Arrostire per 30-35 minuti o finché un termometro a lettura istantanea inserito al centro dell'arrosto non registra 140 ° F. Lasciare riposare dai 5 ai 10 minuti prima di tagliare.

3. Nel frattempo, per preparare l'olio all'aglio, unisci l'olio d'oliva e l'aglio in una piccola casseruola. Cuocere a fuoco medio-alto per 8-10 minuti o fino a quando l'aglio sarà dorato e inizierà a diventare croccante (non lasciare bruciare l'aglio). Togliere dal fuoco; Mescolare il peperoncino tritato. Tagliata di maiale; Cospargere l'olio all'aglio sulle fette prima di servire.

MAIALE INDIANO SPEZIATO CON SALSA DI COCCO

DALL'INIZIO ALLA FINE: In 20 minuti si ottengono: 2 porzioni

- 3 cucchiaini di curry in polvere
- 2 cucchiaini di garam masala non salato
- 1 cucchiaino di cumino macinato
- 1 cucchiaino di coriandolo macinato
- 1 filetto di maiale da 12 once
- 1 cucchiaio di olio d'oliva
- ½ tazza di latte di cocco naturale (ad esempio della marca Nature's Way)
- ¼ tazza di coriandolo fresco tritato
- 2 cucchiai di menta fresca grattugiata

1. Mescola insieme 2 cucchiaini di curry, garam masala, cumino e coriandolo in una piccola ciotola. Tagliare la carne di maiale a fette spesse ½ pollice; cospargere di spezie. .

2. Scaldare l'olio d'oliva in una padella capiente a fuoco medio. Aggiungi le fette di maiale alla padella; Cuocere per 7 minuti, girando una volta. Rimuovere la carne di maiale dalla padella; coprire per stare al caldo. Per preparare la salsa, aggiungi il latte di cocco e il restante 1 cucchiaino di curry in polvere nella padella e mescola per eliminare eventuali residui. Lascia cuocere a fuoco lento per 2 o 3 minuti. Mescolare il coriandolo e la menta. Aggiungi carne di maiale; cuocere fino a quando non sarà completamente riscaldato, versando la salsa sul maiale.

SCALOPPINE DI MAIALE CON MELE E CASTAGNE SPEZIATE

PREPARAZIONI:20 minuti Tempo di cottura: 15 minuti resa: 4 porzioni

- 2 filetti di maiale da 12 once
- 1 cucchiaio di cipolla in polvere
- 1 cucchiaio di aglio in polvere
- ½ cucchiaino di pepe nero
- Da 2 a 4 cucchiai di olio d'oliva
- 2 mele Fuji o Pink Lady, sbucciate, senza torsolo e tagliate grossolanamente
- ¼ di tazza di scalogno tritato finemente
- ¾ cucchiaino di cannella in polvere
- ⅛ cucchiaino di chiodi di garofano macinati
- ⅛ cucchiaino di noce moscata macinata
- ½ tazza di brodo di ossa di pollo (vedi<u>Ricetta</u>) o brodo di pollo non salato
- 2 cucchiai di succo di limone fresco
- ½ tazza di castagne sbucciate e arrostite, tritate* o noci pecan tritate
- 1 cucchiaio di salvia fresca tritata

1. Tagliare i filetti in diagonale in fette spesse ½ pollice. Metti le fette di maiale tra due strati di pellicola trasparente. Battere sottilmente con la parte piatta di un batticarne. Cospargere le fette con cipolla in polvere, aglio in polvere e pepe nero.

2. Scaldare 2 cucchiai di olio d'oliva in una padella capiente a fuoco medio-alto. Cuocere la carne di maiale in lotti per 3-4 minuti, girandola una volta e aggiungendo olio se necessario. Trasferire la carne di maiale in un piatto; coprire e tenere al caldo.

3. Aumentare il calore a medio. Aggiungere mele, scalogno, cannella, chiodi di garofano e noce moscata. Cuocere e mescolare per 3 minuti. Mescolare il brodo di ossa di pollo e il succo di limone.

Coprire e cuocere per 5 minuti. Togliere dal fuoco; Unire le castagne e la salvia. Servire il composto di mele sul maiale.

*Nota: per arrostire le castagne, preriscaldare il forno a 400°F. Taglia una X su un lato del guscio della castagna. Ciò potrebbe causare il distacco della pelle durante la cottura. Mettete le castagne in una teglia e fatele arrostire per 30 minuti o fino a quando i gusci si separeranno dalle noci e le noci saranno morbide. Avvolgere le caldarroste in un canovaccio pulito. Sbucciare la buccia e la buccia dalla noce giallo-bianca.

WOK FAJITA DI MAIALE

PREPARAZIONI:20 minuti Tempo di cottura: 22 minuti Dosi: 4 porzioni

- Filetto di maiale da 1 libbra, tagliato a strisce da 2 pollici
- 3 cucchiai di condimento per fajita senza sale o condimento messicano (vedi<u>Ricetta</u>)
- 2 cucchiai di olio d'oliva
- 1 cipolla piccola, affettata sottilmente
- ½ peperone rosso privato dei semi e tagliato a fettine sottili
- ½ peperone arancione, privato dei semi e tagliato a fettine sottili
- 1 jalapeño, scosso e affettato sottilmente (vedi<u>Mancia</u>) (Facoltativo)
- ½ cucchiaino di cumino
- 1 tazza di funghi freschi tagliati a fettine sottili
- 3 cucchiai di succo di lime fresco
- ½ tazza di coriandolo fresco tritato
- 1 avocado, snocciolato, sbucciato e tagliato a cubetti
- Salsa desiderata (vedi<u>Ricetta</u>)

1. Cospargere il maiale con 2 cucchiai di condimento per fajita. Scaldare 1 cucchiaio di olio in una padella molto grande a fuoco medio-alto. Aggiungi metà del maiale; cuocere e mescolare fino a quando non avrà più un colore rosa, circa 5 minuti. Mettete la carne in una ciotola e coprite per mantenerla al caldo. Ripetere l'operazione con l'olio rimanente e il maiale.

2. Regola la fiamma a una temperatura media. Aggiungi il rimanente 1 cucchiaio di condimento per fajita, cipolla, peperone, jalapeño e cumino. Cuocere e mescolare per circa 10 minuti o fino a quando le verdure saranno tenere. Riporta tutta la carne e gli eventuali succhi accumulati nella padella. Mescolare i funghi e il succo di lime. Cuocere fino a quando non sarà completamente riscaldato. Togliere la padella dal fuoco. Mescolare il coriandolo. Servire con avocado e salsa desiderata.

FILETTO DI MAIALE AL PORTO E PRUGNE

PREPARAZIONI:Arrostire per 10 minuti: Lasciare riposare per 12 minuti: 5 minuti Per: 4 porzioni

IL VINO DI PORTO È UN VINO FORTE,CIOÈ, VIENE AGGIUNTO UN ALCOL SIMILE AL BRANDY PER FERMARE IL PROCESSO DI FERMENTAZIONE. CIÒ SIGNIFICA CHE CONTIENE PIÙ ZUCCHERO RESIDUO RISPETTO AL VINO DA TAVOLA ROSSO E QUINDI HA UN SAPORE PIÙ DOLCE. NON È QUALCOSA CHE VUOI BERE TUTTI I GIORNI, MA USARNE UN PO' OGNI TANTO MENTRE CUCINI VA BENE.

- 2 filetti di maiale da 12 once
- 2½ cucchiaini di coriandolo macinato
- ¼ cucchiaino di pepe nero
- 2 cucchiai di olio d'oliva
- 1 scalogno, affettato
- ½ dl di vino Porto
- ½ tazza di brodo di ossa di pollo (vediRicetta) o brodo di pollo senza sale aggiunto
- 20 prugne incolte snocciolate (prugne)
- ½ cucchiaino di peperoncino rosso tritato
- 2 cucchiaini di dragoncello fresco tritato

1. Preriscaldare il forno a 400 ° F. Cospargere la carne di maiale con 2 cucchiaini di coriandolo e pepe nero.

2. Scaldare l'olio d'oliva in una padella larga da forno a fuoco medio. Disporre il filetto nella teglia. Cuocere fino a doratura uniforme su tutti i lati, circa 8 minuti. Metti la teglia nel forno. Arrostire, scoperto, per circa 12 minuti o fino a quando un termometro a lettura istantanea inserito al centro dell'arrosto registra 140 ° F. Trasferisci il filetto su un tagliere. Coprire leggermente con un foglio di alluminio e lasciare riposare per 5 minuti.

3. Nel frattempo, per la salsa, scolare il grasso dalla padella e mettere da parte 1 cucchiaio. Cuocere gli scalogni nei succhi riservati in una padella a fuoco medio-alto per circa 3 minuti o fino a quando saranno dorati e ammorbiditi. Aggiungi il vino di Porto nella padella. Portare a ebollizione, mescolando per raschiare eventuali pezzetti dorati. Aggiungere il brodo di ossa di pollo, le prugne secche, il peperoncino tritato e il rimanente ½ cucchiaino di coriandolo. Lasciare ridurre leggermente a fuoco medio per circa 1 o 2 minuti. Mescolare il dragoncello.

4. Tagliare il maiale a fette e servire con prugne e salsa.

MAIALE IN STILE MOO SHU IN COPPE DI LATTUGA CON VERDURE IN SALAMOIA VELOCI

DALL'INIZIO ALLA FINE: In 45 minuti si ottengono: 4 porzioni

SE HAI MANGIATO UN PIATTO TRADIZIONALE MOO SHU IN UN RISTORANTE CINESE, SAI CHE È UN DELIZIOSO RIPIENO DI CARNE E VERDURE MANGIATO IN FRITTELLE SOTTILI CON SALSA DI PRUGNE DOLCI O HOISIN. QUESTA VERSIONE PALEO PIÙ LEGGERA E FRESCA PRESENTA CARNE DI MAIALE, CAVOLO CINESE E FUNGHI SHIITAKE SALTATI CON ZENZERO E AGLIO E GUSTATI IN INVOLTINI DI LATTUGA CON CROCCANTI VERDURE IN SALAMOIA.

VERDURE IN SALAMOIA
- 1 tazza di carote tagliate a julienne
- 1 tazza di ravanello daikon tagliato a julienne
- ¼ di tazza di cipolla rossa affettata
- 1 tazza di succo di mela non zuccherato
- ½ tazza di aceto di mele

CARNE DI MAIALE
- 2 cucchiai di olio d'oliva o olio di cocco raffinato
- 3 uova, leggermente sbattute
- 8 once di filetto di maiale, tagliato a strisce di 2 x ½ pollice
- 2 cucchiaini di zenzero fresco tritato finemente
- 4 spicchi d'aglio, tritati
- 2 dl di cavolo cinese tagliato sottile
- 1 tazza di funghi shiitake tagliati sottili
- ¼ tazza di cipolle verdi affettate sottilmente
- 8 foglie di lattuga chef

1. Per sottaceti veloci, unisci carote, daikon e cipolle in una grande ciotola. Per preparare la salamoia, scaldare il succo di mela e

l'aceto in una casseruola finché non si alza il vapore. Versare la salamoia sulle verdure nella ciotola. Coprire e conservare in frigorifero fino al momento di servire.

2. Scaldare 1 cucchiaio di olio in una padella capiente a fuoco medio-alto. Sbattere leggermente le uova con una frusta. Aggiungi le uova alla padella; Cuocere, senza mescolare, finché il fondo non sarà solido, circa 3 minuti. Usando una spatola flessibile, capovolgi con attenzione l'uovo e cuocilo dall'altro lato. Fai scivolare l'uovo dalla padella su un piatto.

3. Riporta la padella sul fuoco; Aggiungi il rimanente 1 cucchiaio di olio. Aggiungere le strisce di maiale, lo zenzero e l'aglio. Cuocere e mescolare a fuoco medio fino a quando la carne di maiale non sarà più rosa, circa 4 minuti. Aggiungi cavolo e funghi; cuocere e mescolare finché il cavolo non sarà appassito, i funghi saranno ammorbiditi e il maiale sarà cotto, circa 4 minuti. Togli la padella dal fuoco. Tagliare l'uovo sodo a listarelle. Mescolare delicatamente le strisce di uova e le cipolline nel composto di maiale. Servire in foglie di lattuga e guarnire con verdure in salamoia.

COSTOLETTE DI MAIALE CON MACADAMIA, SALVIA, FICHI E PURÈ DI PATATE

PREPARAZIONI: 15 minuti Tempo di cottura: 25 minuti resa: 4 porzioni

INSIEME ALLA PUREA DI PATATE DOLCI, QUESTE COSTOLETTE SUCCOSE E RICOPERTE DI SALVIA SONO UN PASTO AUTUNNALE PERFETTO E SI PREPARANO RAPIDAMENTE, RENDENDOLE PERFETTE PER UN'INTENSA SERATA INFRASETTIMANALE.

- 4 braciole di maiale disossate, tagliate a fette spesse 1 pollice e ¼
- 3 cucchiai di salvia fresca tritata
- ¼ cucchiaino di pepe nero
- 3 cucchiai di olio di noci di macadamia
- 2 libbre di patate dolci, sbucciate e tagliate a pezzi da 1 pollice
- ¾ tazza di noci di macadamia tritate
- ½ tazza di fichi secchi tritati
- ⅓ tazza di brodo di manzo (vedi <u>Ricetta</u>) o brodo di carne senza sale aggiunto
- 1 cucchiaio di succo di limone fresco

1. Cospargere entrambi i lati delle braciole di maiale con 2 cucchiai di salvia e pepe; strofinare con le dita. Scaldare 2 cucchiai di olio in una padella capiente a fuoco medio-alto. Aggiungi le braciole alla padella; Cuocere da 15 a 20 minuti o fino a cottura (145 ° F), girando una volta a metà cottura. Trasferire le costolette su un piatto; coprire per stare al caldo.

2. Nel frattempo, unisci le patate dolci e abbastanza acqua in una pentola capiente. Cucinare; Ridurre il calore. Coprire e cuocere a fuoco lento fino a quando le patate saranno tenere, da 10 a 15 minuti. Scolare le patate. Aggiungere il rimanente cucchiaio di

olio di macadamia alle patate e frullare fino ad ottenere una crema; tenere caldo.

3. Per la salsa, aggiungere le noci di macadamia nella padella; cuocere a fuoco medio fino a tostatura. Aggiungere i fichi secchi e il rimanente 1 cucchiaio di salvia; Lasciamo cuocere per 30 secondi. Aggiungi il brodo di manzo e il succo di limone nella padella e mescola per raschiare eventuali pezzetti dorati. Versare la salsa sulle braciole di maiale e servire con purè di patate dolci.

BRACIOLE DI MAIALE ARROSTO ALLA LAVANDA E ROSMARINO IN CASSERUOLA CON UVA E NOCI TOSTATE

PREPARAZIONI:10 minuti Cottura: 6 minuti Arrosto: 25 minuti Resa: 4 porzioni

ARROSTIRE L'UVA INSIEME ALLE BRACIOLE DI MAIALENE INTENSIFICA IL GUSTO E LA DOLCEZZA. INSIEME ALLE CROCCANTI NOCI TOSTATE E AD UN PIZZICO DI ROSMARINO FRESCO, COSTITUISCONO UNA SPLENDIDA GUARNIZIONE PER QUESTE SOSTANZIOSE COTOLETTE.

- 2 cucchiai di rosmarino fresco tritato
- 1 cucchiaio di lavanda fresca tritata
- ½ cucchiaino di aglio in polvere
- ½ cucchiaino di pepe nero
- 4 braciole di maiale, tagliate a fette spesse 1 pollice e ¼ (circa 3 libbre)
- 1 cucchiaio di olio d'oliva
- 1 scalogno grande, affettato sottilmente
- 1 tazza e ½ di uva rossa e/o verde senza semi
- ½ dl di vino bianco secco
- ¾ tazza di noci tritate grossolanamente
- Rosmarino fresco tritato

1. Preriscaldare il forno a 180°C. Unisci 2 cucchiai di rosmarino, lavanda, aglio in polvere e pepe in una piccola ciotola. Strofinare uniformemente la miscela di erbe sulle braciole di maiale. Scaldare l'olio d'oliva in una padella antiaderente extra large a fuoco medio. Aggiungi le braciole alla padella; Cuocere da 6 a 8 minuti o fino a doratura su entrambi i lati. Trasferire le costolette su un piatto; coprire con pellicola.

2. Aggiungi gli scalogni nella padella. Cuocere e mescolare a fuoco medio per 1 minuto. Aggiungere l'uva e il vino. Cuocere per circa altri due minuti, mescolando per raschiare eventuali pezzetti dorati. Aggiungi le braciole di maiale nella padella. Metti la teglia nel forno. Arrostire da 25 a 30 minuti o fino a quando le braciole sono cotte (145 ° F).

3. Nel frattempo, distribuisci le noci in una teglia bassa. Mettere in forno insieme alle costolette. Arrostire per circa 8 minuti o fino a tostatura, mescolando una volta per garantire una tostatura uniforme.

4. Per servire, guarnire le braciole di maiale con uva e noci tostate. Cospargere con altro rosmarino fresco.

www.ingramcontent.com/pod-product-compliance
Lightning Source LLC
Chambersburg PA
CBHW071901110526
44591CB00011B/1497